AF317831

« leurs raisons »
collection dirigée par André Billy
PARIS

pourquoi je suis SYNDICALISTE

PAR

HENRY DE JOUVENEL

UX EDITIONS DE FRANCE
PARIS

POURQUOI
JE SUIS SYNDICALISTE

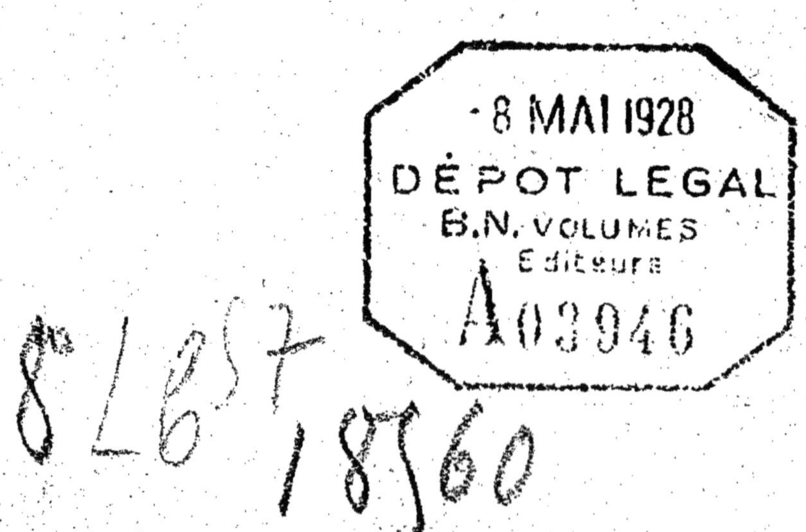

"LEURS RAISONS"

COLLECTION DIRIGÉE PAR ANDRÉ BILLY

POURQUOI JE SUIS SYNDICALISTE

PAR

HENRY DE JOUVENEL

PARIS

LES ÉDITIONS DE FRANCE

20, AVENUE RAPP, 20

A LA MÉMOIRE

DE

ROBERT DE JOUVENEL

POURQUOI
JE SUIS SYNDICALISTE

DÉBUTS DANS LE SYNDICALISME

Pour l'excuse du « Je »

Ayant définitivement déçu les espérances paternelles qui allaient jusqu'à rêver pour moi le grade de capitaine de cavalerie, je venais de terminer mon service avec les galons de caporal; mes ambitions militaires étaient satisfaites.

Mes ambitions civiles, en revanche, s'étaient vues cruellement humiliées. Stéphane Lauzanne, rédacteur en chef du *Matin*, n'avait pas voulu de moi pour son humble représentant auprès des chiens écrasés. Je lui avais pourtant été si affectueusement recommandé par un de ses camarades de collège, Charles Lyon-Caen, qu'il nous avait invités tous les deux à dîner. Ce fut un beau soir, mais, comme tant de beaux soirs, sans lendemain.

— Vous lui avez beaucoup plu. Envoyez-lui un article, m'avait dit Lyon-Caen en sortant.

Pendant des jours et des nuits, je limai, sur un fier sujet sans doute actuel alors, puisque je l'ai complètement oublié, des phrases qui me parurent définitives. Je les envoyai à Lauzanne, et me préparai à la manifestation de son enthousiasme.

Elle ne se produisit ni le lendemain, ni la semaine suivante, ni jamais. Il en fut de cet article comme du Dialogue philosophique que Monzie et moi avions rédigé en collaboration pour le *Mercure de France*, pendant une quinzaine de vacances, et dont nous avions attendu — longtemps, fort longtemps — une commune gloire.

La corbeille à papiers l'avait seule accueilli.

Méconnu comme journaliste, j'avais résolu de me consoler en devenant écrivain. Je commençai un volume, écrasante revanche d'un article refusé, sur Lamartine homme politique, et me réfugiai dans la solitude en Corrèze.

L'hiver était venu, le tiède hiver de la plaine de Brive qui semble n'avoir dénudé les coteaux d'alentour que pour mieux révéler la souple harmonie de leurs lignes et faire saillir plus fiers, à leurs sommets, les villages qui les couronnent. Il me semblait vivre de la vie de Lamartine à Milly. Rien ne me rattachait à la capitale, que les lettres de Monzie.

Nous échangions, lui et moi, une interminable correspondance où s'exhalait notre fureur contre la société, entendez la société de nos parents, car après tout nous n'en connaissions pas d'autre, et contre la médiocrité d'un monde où les revues et les journaux quotidiens se montraient si peu ouverts à l'avenir.

Un jour cependant, me parvint une lettre de mon ami qui respirait la plus joyeuse ivresse.

— Je viens de découvrir au Palais, oui, crois-tu, au

Palais, un être extraordinaire. Il s'appelle Paul-Boncour. Il a une âme exquise et beaucoup plus de talent que nous.

C'était, n'est-ce pas, tout dire.

Avec cette générosité qu'il porte dans la louange, ce grand cœur si prompt à se donner, si facile à blesser, qui le rend mystérieux à tous les médiocres, Monzie énumérait pendant des pages les dons de Boncour, et concluait :

— Il faut que tu reviennes tout de suite pour le connaître.

C'est à ce moment que m'apparut l'insuffisance de la bibliothèque familiale. Je rentrai à Paris sous prétexte de recherches urgentes à faire à la Bibliothèque Nationale, mais en vérité pour me mettre à la recherche de Paul-Boncour.

Je le trouvai dans un étroit et sordide bureau du ministère de l'Intérieur où Monzie me conduisit et où je connus à la fois Boncour et Tardieu, car la vie, qui depuis les a séparés, avait commencé par rassembler ces deux futurs politiques dans le cabinet de Waldeck-Rousseau, en ce temps-là président du Conseil.

A vrai dire, ils étaient déjà fort dissemblables. Tardieu, qui avait accumulé les prix et les diplômes comme un jongleur entasse les œufs pour les jeter publiquement au vent sans en rien laisser perdre, remplissait le ministère de ses farces, les journaux de ses articles et travaillait avec l'air de jouer, rapide, précis et gai.

Boncour était mélancolique, aimait les vers et la province, mariait un tendre respect pour le passé au tourment passionné des nouveautés sociales et se reposait par un poétique discours sur La Boétie d'une thèse audacieuse sur les syndicats obligatoires qu'il avait intitulée *Le Fédéralisme économique*.

Féru de décentralisation régionale, j'embrassai vite la doctrine de la décentralisation professionnelle, chère à Boncour. J'allais le prendre le soir, à l'heure où le ministère fermait, et nous remontions ensemble jusqu'à la lointaine rue des Boulangers qu'il habitait alors. Là, quand nous en avions fini avec les inestimables œufs brouillés au fromage dont je ne puis évoquer le souvenir sans un élan de reconnaissance pour la servante qui les cuisinait, nous nous promettions de continuer l'œuvre de Waldeck-Rousseau. Il avait fait reconnaître les syndicats professionnels. Nous fonderions sur eux une nouvelle organisation du pouvoir. Nous moderniserions la France en syndicalisant la République.

Mais ce n'était pas assez de nous entendre tous deux sur ce programme. Il fallait y gagner nos camarades, ceux que nous nommions avec orgueil « la génération », comme s'il n'y en avait jamais eu qu'une.

Le rassemblement se fit aisément sur le nom de Boncour dont les débuts avaient suscité parmi les gens de notre âge une sorte de fanatisme. La jeunesse de 1900 restait à la bataille. L'affaire Dreyfus l'avait partagée en deux camps qui se croyaient à jamais irréconciliables. De temps à autre, nous descendions dans la rue manifester pour la justice. Je connus, en de telles occasions, les *violons* de la rive droite et de la rive gauche et le poing sévère des brigades centrales. Nous autres dreyfusards, nous criions : « Vive la loi ! » Nos adversaires criaient : « Vive l'armée ! » Nos âmes séditieuses se satisfaisaient de ces témoignages de respect, pourvu qu'ils nous parussent contradictoires.

Ambitieux de transformer une société où la raison d'Etat pouvait exiger la condamnation de l'innocence, excuser la fabrication des faux, exclure une race du bienfait de l'égalité, les jeunes hommes de ce temps étaient en quête d'une formule sociale inédite qui conciliât leur goût classique de l'idéal avec leur sens naissant des réalités économiques.

Le syndicalisme s'offrait, leur promettait une société rajeunie où l'Etat cesserait d'être le souverain maître, où les bureaux ne pourraient plus mettre la production en tutelle, où la solidarité réduirait les égoïsmes à merci, où les compétences auraient raison des incompétences, où le prolétariat discuterait de pair avec le patronat, où l'homme qui exerce un métier l'emporterait en pouvoir sur l'oisif, où l'organisation se substituerait partout à l'anarchie.

C'était plaisir de se rallier à cette conception neuve autour de Paul-Boncour environné d'une atmosphère alors assez pareille à celle qui avait rayonné autrefois de la jeunesse de Gambetta.

Nous nous réunîmes donc au nombre d'une centaine environ pour définir ce que nous appelions naturellement « le programme de la génération ». Un soir par semaine, le cercle républicain de la rue de Grammont, fondé par Waldeck-Rousseau, nous abandonnait un de ses salons. Paul-Boncour présidait, Maurice Colrat vice-présidait, j'avais l'honneur d'être secrétaire général. L'avenir devait prouver l'éclectisme de ces choix.

Tardieu ne vint pas : il méprisait les soirées doctrinaires. Monzie vint rarement : il nous reprochait de sacrifier le présent au futur, l'action à la théorie. Assez riche d'esprit pour tirer toutes ses idées de lui-même, il répudiait à la collaboration, comme tout véri-

table inventeur. Nous comptions pourtant une cin-
quantaine d'assidus parmi lesquels Lémery, aujour-
d'hui sénateur de la Martinique, né pour aimer, être
aimé, et se faire pardonner à force de séduction la
faute délicieuse de tout comprendre ; Kerguézec, devenu sénateur des Côtes-du-Nord, qui déjà révolution-
nait la Bretagne et au passage duquel les personnes
pieuses de Tréguier se signaient en ce temps-là comme
si elles venaient de rencontrer Satan ; Fleys, conseiller
à la Cour de Cassation, aussi sage à vingt ans que s'il
était venu au monde inamovible et dont la mo-
deste prudence rabattait nos ambitions réformatrices :
« Bah ! Bah ! Si vous avez fait quelques bricoles
avant de mourir, ne vous plaignez pas trop » ; Maurice Colrat qui étincelait d'éloquence, d'esprit, de
bonne humeur, et humiliait la philosophie par l'art
qu'il a gardé de la réduire en vérités de La Palisse.
Léon Bérard d'autant plus tenté par nos audaces
qu'elles l'effrayaient un peu... La crainte de l'énumération, toujours fastidieuse, m'arrête seule devant tant
d'autres noms qui se présentent à ma mémoire et qui,
pour n'être pas portés par des hommes publics, n'en
ont pas moins conquis presque tous la notoriété à
Paris ou en province, dans le barreau, l'université ou
la presse.

La régularité de nos séances, l'obstination avec laquelle nous nous refusions à nous lancer dans la vie
sans doctrine, la méthode que nous appliquions en
combinant sans cesse la notion de solidarité et la
notion de compétence, la conception que nous nous
étions faite d'une démocratie éclairée par la technique, où les services rendus à la collectivité devaient
être la seule mesure de la dignité individuelle, tout
cela composait à notre génération une figure assez

singulière que nous avons depuis laissé quelquefois voiler, mais dont, après plus d'un quart de siècle écoulé, les traits se retrouvent encore.

Qu'est devenu le beau programme que nous avions fait imprimer ? Peut-être, si nous en découvrions aujourd'hui quelque exemplaire, rougirions-nous de la naïveté que devaient révéler certains de ses articles. Mais beaucoup d'entre nous, dont je suis, en ont conservé l'esprit. L'année que nous avons passée dans ces études a marqué nos vies.

Il nous en est resté cette conviction que l'avenir de la démocratie se trouve lié au développement du syndicalisme, et que notre devoir est de concourir à l'avènement d'une formule politique et sociale permettant aux citoyens français de participer tous, dans le cadre de leur compétence, à la délibération des lois.

Cette délégation que l'électeur donne pour quatre ans à son député de voter des centaines de lois sans prendre l'avis de ceux à qui elles s'appliquent et qui en supporteront les répercussions nous paraissait et nous paraît toujours une sorte d'abdication de la souveraineté populaire. Elle se concevait dans un Etat où la commune, l'arrondissement, le département étaient les seules bases de l'organisation nationale. Mais depuis que la profession a trouvé dans le syndicat le mode de représentation qui lui convient, il est devenu possible, nécessaire et juste de l'admettre à exprimer son opinion, non pas dans le vague, non pas quand il est trop tard, non pas sous la forme d'un vote de confiance ou de défiance à l'égard d'un homme, mais à l'occasion des lois qui la concernent, avant l'adoption de leur texte par les Chambres. Ainsi après avoir passé du régime de la monarchie absolue à celui de la monarchie tempérée, passerons-nous du régime de la République tempérée à celui de la République absolue et procéderons-nous à une organisation technique de la démocratie.

L'époque des élections de 1902 étant venue, je fus chargé par mes camarades d'aller porter un résumé de nos idées devant un Congrès radical. Je partis, fier de ma mission, avec mon papier en poche. Mais, dès l'entrée dans la salle, mon inexpérience m'apparut. Je ne connaissais personne. Perdu parmi des parlementaires, des présidents, des vétérans de nos luttes politiques, ignorant de la plupart des sujets qu'on traitait, venu là en vertu d'un mandat conféré par quelques jeunes gens sans mandat, ému de respect par les titres et par l'âge de ceux qui prenaient la parole, transporté à des hauteurs intimidantes par un très beau discours de Ferdinand Buisson qui présidait et dont l'éloquence sans voix rendait, dans cette atmosphère presque religieuse, le son le plus pur, je n'osai même pas demander la parole. Mon audace se borna à me présenter à Camille Pelletan, chargé du rapport politique, et à lui remettre en deux pages le résumé de notre année de travaux. Pelletan me regarda, haussa un sourcil, puis une épaule, saisit la doctrine de « la génération », et l'enfouit dans les profondeurs de son veston. A la manière dont les feuillets se froissèrent au moment où l'abîme de cette poche se referma sur eux, je compris que je venais de faire connaissance avec une nouvelle forme de corbeille à papier.

Par bonheur, le *Mouvement Socialiste*, dirigé par Lagardelle, recueillit notre programme dont il opposa la hardiesse à la timidité radicale. Si je ne me trompe, cet article consolateur était dû à la plume révolutionnaire d'Emile Buré. Vingt-cinq ans ont passé...

Le syndicalisme est devenu, il y a quelques mois, le programme social du parti radical.

Il faut savoir attendre.

Et ne s'étonner de rien.

Ma dernière aventure avec le syndicalisme ne m'a pas paru la moins édifiante.

Le parti radical ayant enfin, en octobre 1927, adopté la doctrine que je lui souhaitais depuis 1902, j'en conclus que la législature prochaine pourrait la voir aboutir et conçus un instant le projet présomptueux de hâter ce succès en renonçant au Sénat pour aller soutenir le syndicalisme à la Chambre.

Sur quoi des radicaux corréziens me traitèrent de réactionnaire.

J'allais me voir dans la nécessité paradoxale de battre le candidat radical pour faire triompher ses principes.

Je reculai devant une telle absurdité.

Puisse du moins ce petit volume convaincre les républicains que la fortune du régime se trouve aujourd'hui liée au progrès du syndicalisme.

PREMIÈRE PARTIE

L'ÈRE

DES

PRIVILÈGES PARLEMENTAIRES

> Chaque caste a trois âges : l'âge des services, l'âge des privilèges, l'âge des vanités.
>
> CHATEAUBRIAND.

I

LA DÉFENSE RÉPUBLICAINE

La troisième République a été longtemps obsédée par la crainte de périr de la même mort que la première et la deuxième. Aujourd'hui encore, après la victoire, cette obsession ne s'est pas complètement dissipée; seulement elle est devenue dangereuse, car elle absorbe les forces du pays dans une lutte vaine contre des fantômes.

La réaction, le cléricalisme, le coup d'Etat : voilà les ennemis qu'il s'agissait d'abattre entre 1871 et 1900.

Ils n'étaient pas imaginaires aux temps du maréchal de Mac-Mahon, du boulangisme ou de l'affaire Dreyfus. Quand on parlait alors de sauver la République, on savait ce qu'on disait. Un scrupule de moins chez le comte de Chambord, et nous retournions en monarchie; une faiblesse de moins chez le général Boulanger, et nous tombions en dictature; un faux de moins du colonel Henry, et le militarisme asservissait peut-être la République.

Dans cette période où les institutions étaient encore

fragiles, les cadres républicains se formaient comme des cadres de combat. La défense républicaine paraissait le devoir essentiel.

A quel point la peur du coup de force pût hanter les républicains qui avaient connu l'Empire, la Commune, le Septennat et le boulangisme, l'homme d'aujourd'hui ne saurait même l'imaginer.

J'entends encore la sombre voix confidentielle dont Henri Brisson, alors mon voisin à Montmorency, m'appela, un jour de 1904, dans les couloirs de la Chambre, et me recommanda :

— N'allez pas à Montmorency, ce soir.

Comme je demandais pourquoi, il ajouta, dans le même mystère :

— J'ai des raisons de croire qu'il se prépare quelque chose cette nuit. Chacun doit demeurer à son poste.

Cette croyance aux revenants explique les précautions prises par la République contre les audacieux, ses défiances à l'égard d'un Gambetta ou d'un Jules Ferry, dès qu'ils paraissaient coupables d'entreprise. La médiocrité seule rassurait. Force nous est d'ailleurs de reconnaître que, de tous les périls possibles, le génie fut celui contre lequel le pays se vit bientôt le plus sérieusement assuré.

La superposition des contrôles protégea de l'initiative comme la série des examens défendait de l'originalité. Tandis que la première partie de la vie se passait à répondre aux interrogations des jurys, la seconde fut employée à satisfaire à celles des comités. Le service obligatoire venant d'être institué, le numérotage militaire et l'égalitarisme démocratique se confondirent. L'individu fut réduit à l'état de chiffre qu'il fallut maintenir assez bas, pour permettre des comptes plus faciles. S'il cherchait à s'élever, la surveillance parfois s'achevait en délation...

Survenait la crise, l'heure de l'appel à l'homme, où se révélait l'insuffisance des orthodoxies, où s'avérait la nécessité de la décision, du courage, de la personnalité, des armes vers lesquelles se tendaient alors les mains mêmes qui les avaient brisées : il fallait ccurir chercher des chefs hors des cadres qu'on avait mis tant de prudence à constituer, demander aux partis modérés un Waldeck-Rousseau, un Rouvier, un Caillaux, un Poincaré, un Barthou, aux partis révolutionnaires un Millerand, un Viviani, un Briand. Des années de préventions fondaient en une heure. Le régime semblait ne pouvoir être mieux défendu que par ceux dont il avait eu le plus peur. Tous les sauveurs sont d'anciens suspects.

Il est vrai que ces chefs, passé l'instant critique, commençaient à se plier à la règle du soupçon par une habileté d'incrédules résignés à faire les gestes des dévôts, et s'habituaient ensuite doucement à y croire. La certitude d'être l'homme nécessaire qui s'empare d'un président du Conseil entre le troisième et le sixième mois de son ministère, le porte à penser que plus n'est besoin, maintenant qu'il veille et suffit à tout, de changer le train des choses. Cette conception fut jadis celle du prince de Polignac et de M. Guizot. Mais ils ne se souciaient point d'y gagner une majorité. Ce soin occupe au contraire les heures d'un gouvernement républicain, lui inspire toute une diplomatie quotidienne fondée sur la connaissance des annuaires administratifs, l'art des promotions opportunes dans la Légion d'honneur, le respect des clientèles et un adroit exercice de l'arbitraire.

Le développement du fonctionnarisme favorise,

par la multitude des postes qu'il offre, le succès de cette stratégie. Ainsi se forme une solidarité qui lie les ministres aux parlementaires et les parlementaires aux facteurs, à travers toute la hiérarchie officielle. Ce réseau n'est sans doute pas sans quelques trous, mais offre assez de solidité pour arrêter les nouveautés importantes, susceptibles de menacer les positions acquises et les souhaitables réélections. Un peuple de candidats à l'administration, diplômes et lettres de recommandations en mains, se prépare à assurer l'avenir de cette armature. Quel danger pourrait désormais la détruire ? Si Napoléon se présentait, il lui faudrait suivre la filière. Quand son tour serait venu d'atteindre au sommet, il aurait dépassé depuis longtemps l'âge des aventures.

II

LA CHASSE A L'HOMME

De la défensive à la négative il n'y a qu'à se laisser glisser. La pente vous mène.

On commence par défendre les institutions, on en vient à défendre ses positions. On confond la République avec la place qu'on y a prise. Qui vous dérange vous semble menacer le régime. Vous l'affirmez, vous le croyez, car l'homme apporte une parfaite bonne foi au service de ses intérêts. Quel mot plus candide que celui de Louis XIV : « L'Etat, c'est moi ? » Plus d'un républicain le reprend à son compte, tout aussi naïvement. S'imaginer que ce qui est doit être, que ce qu'on possède est légitime : instinct naturel de l'homme, origine du conservatisme social qui s'accommode aisément des épithètes les plus audacieuses, comme de vêtements dont il se couvre, et qu'il aime voir taillés à la dernière mode.

Bientôt on se protège de l'avenir aussi soigneusement que du passé. Les mêmes cadres servent. Constitués pour la lutte et non pour la création, formés à l'opposition plus qu'au gouvernement, familiers de la critique et non de la responsabilité, ils tiennent le pouvoir pour une arme, pour un outil point. Ils pensent contre, ils administrent contre, ils gouvernent contre. La crainte des successeurs se combine avec le mépris des prédécesseurs. On souhaite éterniser l'instant, on le baptise progrès. « Heure, arrête-toi, tu es trop belle », s'écriait Gœthe. Les parlementaires ne poussent pas des exclamations si poétiques. Ils démocratisent Gœthe comme Louis XIV et se contentent de songer : « Pourvu que ça dure ? »

L'idée neuve, danger ! L'homme neuf, danger !

« Les Ephésiens se sont dit : « *Que personne parmi* « *nous ne soit le meilleur. Sinon qu'il s'en aille* », écrivait, voici deux mille cinq cents ans déjà, Héraclite, le philosophe. Comme Ephèse bannit Hermodore, Athènes bannit Aristide. C'est la même histoire. C'est toujours la même histoire, depuis que les hommes ont commencé de s'assembler sur la terre.

Le refus d'accepter la supériorité ou l'incapacité de la reconnaître est le vice des foules. La plaine ne sait pas que les monts la gardent. Pour la joie de voir niveler les hauteurs, elle s'offre sans défense au désastre. C'est seulement quand il l'a balayée de l'est à l'ouest et du nord au sud qu'elle commence à en mesurer l'étendue. L'épouvante alors la soulève d'un vent contraire, la pousse à improviser des barrières artificielles et des abris camouflés. Ainsi les masses oscillent de la révolte à la peur, de la peur à la servitude.

Le bannissement a été et reste la consécration de l'homme d'Etat, aujourd'hui comme il y a vingt-cinq siècles. Notre République, peu propice aux grandes ascensions, subit l'ivresse des grands retours. Ses remords lui tiennent lieu de desseins. M. Clemenceau s'est trouvé soudain plus populaire d'avoir été maintenu plus longtemps dans une sorte d'opprobre. M. Poincaré aurait connu en 1927 de tout autres difficultés avec la Chambre s'il n'avait été répudié par elle en 1924. Arraché à son exil provincial, M. Caillaux a failli sous un soupçon de génie qui n'était pas plus justifié que les autres. L'erreur politique va de compagnie avec la judiciaire. On ne croit pas à l'innocence, mais on pratique la réhabilitation. Personne ne reste au pouvoir, tout le monde y retourne.

Un étranger, passant par Paris et s'informant du gouvernement, a les plus grandes chances, s'il revient dans trois mois, de ne plus retrouver le même ministère, et, s'il revient dans trente ans, de retrouver les mêmes ministres, ou leurs fils, car le sol de la République foisonne de dynasties. Tout bouge, et rien ne change. Il est défendu d'agir, et recommandé de vieillir.

L'homme public qui s'élève de chute en chute gagne le respect en fatiguant l'injure. Un jour vient où il est consacré par les accusations mêmes qui l'ont lapidé au long de la route. Mais ce jour le trouve las, dégoûté de ses contemporains, découragé de l'avenir. La foi qui transportait sa jeunesse ne soutient plus ses forces, n'inspire plus ses actes. Il a perdu le goût des transformations profondes et se résigne aux petits accommodements quotidiens. S'il se souvenait de son passé, il ne se reconnaîtrait pas plus en lui qu'en la légende formée autour de son nom par des années de polémiques et de bavardages. L'habitude a pris chez lui la place de l'espérance. Sans doute tient-il encore au pouvoir, mais comme le vieillard tient à la vie : quand il ne sait plus qu'en faire.

III

LE CONTENTIEUX NATIONAL

La peur de l'avenir n'est pas féconde. Seule l'espérance donne du courage.

Le pays dont les idées et les codes ont conquis autrefois l'Europe s'est satisfait depuis un demi-siècle de recopier les impôts et les lois de l'étranger, depuis l'impôt sur le revenu jusqu'aux lois sur les retraites ouvrières et les assurances sociales. L'exemple ne vient plus de lui.

Une partie de son énergie s'est épuisée dans de mesquines luttes intérieures.

La calomnie ne visait autrefois qu'à la tête. La

voici démocratisée, banalisée, syndicalisée. Elle a cessé d'être la revanche de l'inférieur sur le supérieur, l'impôt dont le faible frappe le fort. Elle n'invoque plus l'excuse de la colère, mais la force de l'habitude. Elle ne demande plus l'effort d'une invention individuelle. Passée à l'état de rite, elle est devenue collective, comme une croyance.

Ce n'est pas assez qu'elle arme un parti contre un autre, une classe sociale contre une autre; il faut qu'elle dresse, à l'intérieur du parti, le groupe en face du groupe, et, à l'intérieur de la classe, le métier en face du métier. Tout corps d'état tient les autres en mépris. Le civil est hostile au militaire, le militaire se défie du civil, et l'artilleur du fantassin, et le fantassin du cavalier, et l'état-major de la troupe, et Saint-Cyr de Polytechnique, et Polytechnique de Centrale, et Centrale de Normale, et l'agrégé du chargé de cours, et le secondaire du primaire : arrêtons l'énumération, toute la France y passerait.

N'allez pas croire que ce sont les intérêts qui diffèrent; ce ne sont, bien souvent, que les techniques. Chacune d'elles a créé sa vanité à laquelle participe l'ensemble de ses fidèles. Ceux-ci, se trouvant d'ordinaire rivaux les uns des autres, luttent à leur tour entre spécialistes et ne se reforment en rangs que pour accuser de leurs ennuis communs la profession voisine dont les mœurs et les besoins leur sont aussi étrangers que ceux de la plus lointaine peuplade.

Une forme nouvelle de l'ignorance est née du progrès même de la science. Alors que la vapeur, l'électricité ont rapproché les distances dans l'ordre matériel, que l'instruction obligatoire a cru les abolir entre les esprits, la division du travail a élargi l'espace qui déjà séparait les hommes, hypnotisé le travailleur sur son travail, entraîné une sorte d'incapacité à concevoir le service de l'intérêt public. La vie s'est compliquée à tel point que les détails accumulés étouffent l'ensemble comme la broussaille devant nos pas ensevelit le paysage. On n'a plus le temps d'aller rêver sur la colline. Notre sentier nous emprisonne.

Les castes des nobles et des prêtres continuent de prospérer en dépit des révolutions; mais vingt autres, cent autres, ont poussé à côté, se nourrissent de préjugés analogues, refusent de se connaître, de peur d'avoir à s'estimer. Sur les frontières qui les divisent, et pour les diviser davantage, pullulent les gens de loi et les gens de politique. Que ces derniers se recrutent en majorité parmi les avocats et les médecins, vivant de nos procès et de nos maladies, quel signe !

Comment ces experts de la ruine et de la douleur pourraient-ils s'empêcher d'entretenir notre état de guerre civile endémique par la chicane de leurs plaidoiries et de leurs consultations ? Ils n'y mettent point de malhonnêteté. Leur profession les a rendus pessimistes. Il leur a fallu, pour gagner une renommée, employer les ressources de leur esprit à la recherche des tares, des vices, des hontes de l'homme. Ils sont accoutumés à dénoncer, et non point à résoudre. Devant le malheur, ils ne savent que demander terme et délai. Aussi, la grande découverte moderne en politique, est-elle nommée par les uns « anesthésie », et par les autres « moratorium ». Un immense contentieux avec un hôpital en annexe pour recueillir les victimes; voilà à quoi ils réduisent d'instinct l'organisation nationale.

Et ne voyons-nous pas, ô journalistes, ce qui reste de sang, de force, de foi à ce pays s'écouler par les cent blessures quotidiennes de nos polémiques ?

IV

LA SÉPARATION DE LA POLITIQUE
ET DE LA PRODUCTION

Avant la guerre, en France, chacun comptait sur sa facilité. On ne préparait pas, on improvisait. Une théorie politique se formait et s'évaporait dans la chaleur communicative du même banquet.

On philosophait comme on légiférait, comme on gouvernait, au petit bonheur ! Si, par hasard, un rapporteur ou un ministre proposait une réforme, la Chambre n'avait pas le courage de la lui refuser. Que de gens ont voté la séparation pour ne pas dire non à M. Briand, l'impôt sur le revenu pour ne pas dire non à M. Caillaux, la loi de trois ans pour ne pas dire non à M. Barthou. Ils se vengeaient seulement en traitant, en ce temps-là Briand de dictateur, en décrétant Barthou de trahison contre la République, et Caillaux de trahison contre la patrie. De quelles haines les deux derniers ne furent-ils pas chargés ! Et si M. Briand rencontra plus de clémence et put se faire pardonner d'avoir donné à l'époque presque toutes les formules dont s'alimenta la politique dans la douzaine d'années qui précéda la guerre : séparation, apaisement, réforme du suffrage, réforme militaire, ne fût-ce pas grâce à un certain air qu'il prenait de les avoir oubliées ?

Dès que s'élevait la moindre menace d'énergie, députés et sénateurs rassemblaient leurs forces pour proclamer la nécessité du contrôle parlementaire, dénoncer les empiétements du pouvoir avec une épouvante égale à celle que leur inspirait, l'instant d'après, le contrôle de la presse. Roulant de contradiction en contradiction, promenant le malaise de l'insuffisance et la peur de la responsabilité, réclamant la perfection et se défiant des compétences, se plaignant qu'on ne fît rien et blâmant tout ce qu'on faisait, déplorant l'inertie des fonctionnaires, mais les critiquant à la moindre initiative, nos maîtres s'agitaient, tournoyaient, incapables de se délivrer du remous où les rejetait sans cesse une perpétuelle tempête de velléités.

A y bien regarder, il n'y avait dans le Parlement de majorité pour rien, et il y avait une majorité contre tout.

La jeunesse, la vie, le désir du mieux, le sens du grand continuaient cependant d'agiter la France.

Les usines, les campagnes s'animaient sous l'effort d'un peuple prompt, tumultueux, inventif, aussi vaillant au travail qu'il allait l'être au combat; les générations nouvelles bouillonnaient de patriotisme, frappaient du pied le sol en appelant l'heure d'agir. L'air était chargé d'espérance. Hélas ! toute cette chaleur se perdait en montant. Dans les zones élevées de la société, aux approches du pouvoir, le froid, l'immobilité, une vieillesse soudaine se saisissaient des hommes.

Pourquoi ?

Parce que le sang circulait mal; parce que les esprits les plus aptes à se comprendre refusaient de s'y essayer; parce qu'une inimitié imbécile les séparait les uns des autres; parce qu'ayant commencé à reconnaître la nécessité de s'associer pour la besogne matérielle et de mettre en commun leurs économies dans les sociétés anonymes, les Français se refusaient à organiser, à coaliser, pour l'honneur de la société française, leurs réflexions, leurs pensées, le travail et l'épargne de leurs cerveaux; parce qu'au lieu de mettre en œuvre la démocratie, c'est-à-dire un régime où chacun donne à tous et participe de tous, ils vivaient démembrés, en proie aux castes et, pour tout dire, en aristocratie.

La nationalisation des services se généralisait, le ministre des Travaux publics détenait à lui seul plus de ressorts vitaux que Louis XIV. L'Etat se trouvait tenir, dans la pensée des citoyens, une place de plus en plus petite à mesure qu'il en prenait une plus grande dans leur vie. Son autorité matérielle s'étendait tous les jours, le nombre des gens qui se souciaient de lui diminuait sans cesse, Industriels, intellectuels, savants s'en désintéressaient, ne voyaient plus dans la politique qu'une spécialité comme une autre.

Ils ne prenaient pas garde que cette spécialité-là domine et conditionne toutes les autres, et qu'en la négligeant on remet sans contrôle, sans appel, son sort, celui de son temps, de son pays, des générations à venir, aux mains justement de ces hommes qu'on se flatte de mépriser.

Le beau résultat, de leur retirer le concours de l'élite ! Ils n'en continuaient pas moins à gouverner la France. Leur diminution morale leur donnait de la mauvaise humeur, mais ne les privait pas d'une parcelle de pouvoir. Le Parlement était devenu presque aussi étranger au monde des producteurs que l'aristocratie avait pu l'être en 1789 à la foule du Tiers. Il en arrivait à mener la nation par l'intermédiaire redoutable de ses intendants, les fonctionnaires, comme la menaient les grands au XVIII° siècle : sans la connaître. Pour cette nation, en vérité, où était le bénéfice ?

Le dédain des élites, le scepticisme de la foule, l'absence d'esprit public enfin produisaient dans notre époque un effet semblable à celui qu'avait créé à la fin de la monarchie la longue interruption des Etats généraux : la séparation du pays et de ses maîtres. Tous les quatre ou tous les neuf ans, les députés, les sénateurs recevaient du corps électoral une sorte de blanc-seing ; l'obtenir à nouveau était leur but, leur règle, pour un peu ils eussent dit : leur devoir.

Or, ce n'est pas le passé qui fait les aristocraties, c'est le privilège. La noblesse qui abandonna Napoléon à Fontainebleau ne datait pas de quinze ans. Etre parvenu sans peine à jouir des avantages de la domination et user de l'Etat comme d'une propriété personnelle, avoir dans sa province ses fonctionnaires à soi, entretenir sa clientèle sur le domaine public : voilà le régime seigneurial. N'était-on pas parvenu peu à peu à l'adapter au régime parlementaire ?

« Chaque caste a trois âges, a écrit Chateaubriand, l'âge des services, l'âge des privilèges, l'âge des vanités. »

V

LA GUERRE OU LE CAS DE CONSCIENCE

Sur cette société vieillissante et qui se croyait tranquille parce qu'elle était fatiguée, tomba, un jour d'août 1914, la foudre. On n'avait jamais autant promis la paix qu'aux élections de cette année-là. Mais la guerre était venue.

L'imprévoyance politique éclatait. Bientôt, la concentration prouva que nous avions refusé d'envisager l'invasion par la Belgique, annoncée pourtant par l'état-major allemand en maints ouvrages devenus classiques outre-Rhin. Les premières batailles révélèrent la supériorité des canons lourds dont le Conseil supérieur de la guerre n'avait pas voulu. Les chefs militaires et politiques ne pouvaient plus rien s'envier les uns aux autres. Aussi se firent-ils assez vite une gloire commune d'une impréparation qui, sans parler des blessés et des morts, nous coûtait la défaite de Charleroi, l'invasion du territoire, trois cent mille prisonniers, dix départements immolés, et faillit nous coûter Paris.

Nous dûmes à nos malheurs mesurer leur vertu.

C'est alors que commença de s'élever, dans bien des âmes, la poignante, l'invincible question que nous ne nous sentions ni la liberté d'éluder, ni le droit de formuler : l'impéritie dont venait de sortir la surprise de cette guerre méritait une révolution, et pourtant une révolution eût été le plus affreux des crimes. Que faire ? Les fautes des chefs retardaient la victoire, la faute des soldats eût perdu la partie.

Je revois encore, un matin de septembre 1914, pendant la bataille de la Marne, sur le plateau de Rampont à l'ouest de Verdun, ce petit groupe d'officiers qui attendait des ordres pendant que derrière lui brûlait le village et qu'on entendait les maisons éclater l'une après l'autre comme des grains de raisin qu'on presse. A quelques pas, un général de brigade s'ensevelit soudain dans la fusée d'un 105. Il en res-

sort indemne, s'avance vers nous, demande quelques
noms. Au mien :

— Tiens, Jouvenel. J'ai beaucoup connu votre
grand-père. Je me souviens d'un dîner où il avait
parié contre M. Thiers de dire à la princesse X...
qu'elle était la femme la plus laide de la terre avec
assez de courtoisie pour la laisser ravie du compli-
ment. Il a gagné son pari.

Sur ce champ de bataille où se décidait nos des-
tinées, ce général projeté d'un nuage pour venir, tout
couvert de terre, parler si joliment de M. Thiers et
des salons d'autrefois, me parut à cet instant, je le
confesse, personnifier notre élégance et notre légèreté
traditionnelles et résumer en lui tous les anachronismes
de nos pays latins où le théâtre n'est certes pas toujours à l'image de la vie, mais où, même dans les pires
heures, la vie semble faite à l'image du théâtre.

Cependant le ton change vite, se fait plus rude :

— Vous êtes rédacteur en chef du *Matin*, si je
ne me trompe. Vous avez des relations dans le gouvernement. Eh bien ! vous devriez filer tout de suite
sur Bordeaux raconter ce que vous avez vu. Vous ne
trouvez pas que nous avons l'air d'idiots ?

— ...

— Oui, d'idiots. Vous voyez bien ces 75 à droite,
à gauche; assez en vue sur cette croupe, il me semble.
Et là, le général Heyman, et moi, et nos officiers à
tous les deux, avec de beaux képis rouges et des sabres
bien luisants au soleil. Ah ! nous ne nous cachons pas !
Et nos 75 tirent gentiment à 4 kil. 500 pendant que
nous recevons des obus de 12 ou 14 kilomètres. Nous
ne voyons pas, mais on nous voit, et bigrement bien. Il
n'a pas eu de peine à nous repérer, l'avion allemand
qui tout à l'heure a passé et repassé sur nos têtes sans

que personne ait pu seulement songer à le gêner. A propos, savez-vous où sont nos avions, à nous ? Les avez-vous vus ? Non ? Moi non plus. Vous m'entendez, vous devriez aller à Bordeaux, et partir sans perdre une heure, et dire aux ministres que vous connaissez, à M. Poincaré, aux journalistes, à tout le monde, qu'il est temps d'inventer quelque chose. Oui, qu'on appelle les inventeurs, comme ceux du siège de Paris. Ils n'étaient pas tous fous. Qu'on invente quelque chose, qu'on invente, qu'on invente ! Notre matériel, nos méthodes, fini tout ça. Moi, je ne connais que M. Doumer. Je n'ai pu écrire qu'à lui. Mais, puisque vous connaissez les autres, allez-y... Des idiots, je vous dis, des idiots...

Le général B... d'A... était passé. Je ne l'ai jamais revu. Un capitaine m'appela, le capitaine Barrière, que je ne devais pas revoir non plus, car, quelques instants plus tard, un obus l'emporta.

— Regardez ce ruban qui s'allonge de l'avant vers l'arrière. C'est un régiment qui se vide. Pour un blessé, quatre ou cinq hommes valides, j'en suis sûr, qui le soutiennent, lui, ou seulement son fusil, son sac, que sais-je ? Remontez la file à l'envers. Ne laissez passer que les vrais blessés, les soutiens indispensables. Ramenez les autres à leur unité, le revolver à la main, s'il en est besoin.

Il n'en était pas besoin. Quelques mots suffisaient pour rendre au combat ces hommes un instant déconcertés.

Comme cet ordre était plus facile à exécuter que l'autre ! Et qu'elle était puissante, alors, même et surtout chez les hommes qui, depuis dix ou quinze ans déjà, avaient eu plus ou moins l'illusion de diriger, l'ivresse soudaine d'obéir !

Ce général, ce capitaine avaient raison tous les deux. Ils venaient, en quelques minutes, de dresser l'un en face de l'autre les deux éléments du drame auquel pendant toute la guerre allaient être en proie les consciences réfléchies.

Un miracle semblait nécessaire pour dissiper les ignorances civiles et les préjugés militaires que la France allait payer de sa fortune et du sang de sa jeunesse : ignorance des conditions économiques et financières de la guerre, ignorance de la propagande, ignorance de l'industrie, préjugé contre les tranchées dont on apprenait simplement à l'Ecole de guerre qu'elles ont le tort de ralentir l'élan du fantassin, préjugé contre le matériel, si fort qu'on manquait de munitions dès la Marne et qu'en envoyant ses ouvriers aux armées on mettait le Creusot lui-même dans l'impossibilité de fabriquer, préjugé contre l'artillerie à longue portée, sous prétexte que la limite de portée est fixée par la limite de visibilité, comme si l'aviation n'avait pas été inventée en France pour élargir jusqu'au ciel le champ du regard humain !

Faute d'un effort génial et soudain d'en haut, il fallait accepter en bas un long sacrifice humain qui laissât aux dirigeants, aux responsables, le temps de comprendre, le loisir de s'adapter aux méthodes d'une guerre qui n'épargnait qu'eux.

Cette injustice était-elle acceptable ? Et, si l'on ne l'acceptait pas, la victoire était-elle possible ?

Dans le cadre militaire où ils venaient d'entrer, les Français retrouvaient, sous un aspect plus tragique et pourtant plus enfantin, les faiblesses, les pauvretés, les traditions fatiguées de l'organisation civile : défiance envers la pensée, difficulté à utiliser les diverses formes du progrès, à reconnaître que le machinisme allait transformer les mœurs de la guerre autant que celles de la vie quotidienne; habitude de voir trop petit et de voir trop tard qui immobilisait l'esprit de chacun sur son secteur, empêchait d'apercevoir les proportions de la guerre, faisait tourner en dérision la seule grande idée stratégique de ces quatre années, celle de Salonique : tout un ensemble de défaites qui tenaient non pas à l'infériorité intellectuelle de notre armée sur l'Allemagne, mais à une constitution militaire faite à l'image d'une société moins industrialisée, partant moins moderne que l'allemande, dans ses conceptions générales, comme dans ses méthodes de guerre ou de production.

On ne pouvait décidément rien attendre du miracle. L'initiative triomphante nous était interdite. Nous ne devions espérer notre salut que du nombre et du temps : du nombre que la coalition mettrait peu à peu de notre côté, du temps qui renouvellerait lentement notre tactique et nos procédés et finirait quelque jour par rajeunir le commandement.

Le devoir était de taire notre révolte intérieure dont l'aveu eût compromis nos seules chances, de nous résigner à l'humble patience, de recourir devant l'invasion de 1914, comme devant les inondations de 1910, aux moyens de fortune, ressources éternelles des peuples qui ne savent pas prévoir, et de nous relever sous les coups de l'ennemi, selon la destinée promise à notre pays qui se laisse toujours surprendre et se redresse toujours, pareil à la mer indifférente dont la puissance, pour se réveiller, a besoin de l'orage.

Au moins nous croyions-nous le droit d'espérer que le sillon creusé par la guerre jusqu'au fond des esprits ne se refermerait plus jamais, que la victoire élèverait, après tant de deuils notre prévoyance à la hauteur de nos ressources, nous donnerait la force de devancer le sort au lieu de nous laisser conduire par lui, nous permettrait de prendre du champ sur nos rivaux au lieu de nous laisser devancer par eux au départ et de nous trouver alors contraints, pour les rejoindre et les dépasser, à un effort démesuré qui ruine l'épargne, gaspille l'héroïsme français et nous fait payer nos succès au taux le plus élevé de la terre.

Nous ne réfléchissions pas que les mobilisés étaient une minorité en France, que l'arrière voyait la guerre en beau, que jamais le gouvernement n'ayant été plus facile qu'au cours de ces quatre années, la victoire retrouverait en place les hommes qui, s'ils n'en étaient point les auteurs, avaient du moins l'insigne bonheur d'en être les contemporains et qui verraient le plus sincèrement du monde dans cette revanche de 1871, oubliant le prix dont elle fut payée, la suprême justification de leurs routines.

VI

PARLEMENTS D'APRÈS GUERRE

En 1919 on rend la Chambre de 1914 responsable de l'imprévision qui a précédé et amené la guerre, des désillusions qui ont accompagné la victoire. A d'autres hommes. Les voici. Ils font dans la lice une entrée de vainqueurs. Le feu des combats dont ils sortent éclaire encore leurs fronts. Leur courage a réparé

l'impéritie de ceux qui n'ont pas vu venir la guerre.
Leur bonne volonté effacera de même les fautes de
leurs prédécesseurs. En avant, vers la réforme des
mœurs parlementaires.

Mais M. Marin monte tout de suite à la tribune
pour la défendre des règlements.

— Les règlements, la consigne.

Ces mots souverains réveillent la discipline à laquelle quatre ans de guerre ont mieux préparé qu'à
l'initiative. D'ailleurs ce Marin, comme ce Groussier
de l'extrême gauche qui lui fait écho, étaient là depuis
longtemps. Ce sont des parlementaires de l'active auxquels de modestes députés de complément doivent
l'obéissance. Ainsi de M. Arago, dont le nom évoque
une hérédité de gloire autour de laquelle se cristallise
le respect. On était parti pour un assaut, on arrive
pour une revue. A vos rangs, fixe !

Si M. Charles Dupuy présidait encore la Chambre,
il pourrait, après la guerre comme après la bombe,
redire :

« Messieurs, la séance continue. »

Il n'y a rien de changé.

Seul, le nom allemand, chaque fois qu'on le pro-
nonce, rend aux cerveaux leur excitation belliqueuse.
D'où l'enthousiasme pour l'expédition de la Ruhr,
dont sortira à la fin, comme une souris d'une mon-
tagne, le plan Dawes.

Ne soyons pas surpris que les électeurs, régalés
d'emprunts et d'impôts, réclament en 1924, un régime
plus original.

Précisément le cartel des gauches propose une formule qui paraît nouvelle. Et la nation de croire aux
promesses dont on ranime son appétit, et que les candidats seraient d'ailleurs enchantés de tenir, même

après leur élection, si les circonstances le permettaient. Malheureusement elles ne le permettent pas.

M. Herriot possède sans doute un profond instinct du pays. Le parti radical trouve en lui son poète, pour ne pas dire son Messie. Une immense cordialité sort de lui, dans les bouffées de sa pipe, gagne les comités, les congrès, traverse la Manche et les frontières, se répand sur l'Angleterre et le continent. La France se détend, heureuse de voir revenir la paix qui semblait s'éloigner, ou plutôt elle se détendrait si la politique intérieure s'apaisait, comme l'extérieure.

Hélas ! le Français a la victoire désagréable. M. Poincaré l'a prouvé aux Allemands, et M. Herriot à M. Millerand, au Vatican, au Bloc national. A la petite guerre contre l'étranger succède la petite guerre contre l'argent français. Celui-ci, qui n'est pas courageux, ne s'en tient pas à la résistance passive : il se met à fuir. Tant de lâcheté indigne le cartel. La menace s'aggrave. Du coup l'argent s'évanouit, s'évapore. Les caisses publiques un matin s'ouvrent sur le vide. Les partis qui s'accusaient réciproquement d'avoir ruiné le pays se réunissent pour le sauver. La Chambre de 1924 qui ressemble comme une sœur à la Chambre de 1914, se résigne à la dictature Poincaré, comme l'autre à la dictature Clemenceau : singulier effet de la victoire électorale des gauches. Enfin M. Poincaré réclame onze milliards d'impôts à cette nation qui ne voulait plus payer un sou, et la confiance se rétablit. Le franc aussi.

Nous en sommes là.

Imaginez qu'après avoir limogé au début de la guerre quelques centaines de généraux, le chef de l'armée ait été obligé, deux ans plus tard, d'aller les rechercher, et de replacer leurs successeurs sous leurs ordres, et demandez-vous ce qui serait resté de prestige au commandement, ce que serait devenu le moral de l'armée.

Voilà l'aventure qui est advenue, après la guerre, à la République.

Le maréchal Foch a coutume de dire :

— Il y a une victoire dont personne ne parle, et qui est pourtant la plus importante, car elle explique toutes les autres.

— ? ? ?...

— La victoire de Limoges.

Les civils ne l'ont pas remportée.

C'est que le problème n'est pas de changer d'hommes, ni même de partis; il est de changer de système, de réformer le parlementarisme, de rajeunir la République et de ressusciter l'Etat.

DEUXIEME PARTIE

—

VERS L'ÈRE SYNDICALISTE

> La France est devenue une grande manu-
> facture et la nation française un grand
> atelier. Cette manufacture doit être dirigée
> de la même manière que les fabriques par-
> ticulières.
>
> HENRI DE SAINT-SIMON.

> Il faut au droit politique le contrefort du
> droit économique.
>
> P. J. PROUDHON.

I

LES DEUX RÉGIMES ÉLECTIFS

Aujourd'hui, dans la démocratie, deux régimes électifs se superposent : le régime parlementaire selon la loi duquel une région, toutes classes, toutes professions mêlées, élit les représentants de la commune et du département; le régime syndical qui a, lui aussi, ses élus, mais distingue chaque profession, chaque classe, et déborde en revanche les frontières départementales.

Le système parlementaire fournit les cadres politiques, le système syndical les cadres sociaux.

Le gouvernement s'organise suivant une méthode, et la production suivant une autre. Ainsi s'explique le divorce, chaque jour plus flagrant, entre l'Etat et la société moderne.

Le parlementarisme est le régime de la discussion des idées, le syndicalisme celui de la discussion des intérêts.

Dans une nation organisée, les idées et les intérêts s'entendent.

Une politique qui ignore les intérêts ne peut les

gouverner. Tant que la société parlementaire et la société syndicale ne communiqueront pas l'une avec l'autre, les intérêts demeureront livrés à eux-mêmes, comme des troupeaux sans bergers.

Sans doute les députés et les sénateurs prétendent-ils eux aussi représenter les intérêts de leurs commettants; mais ce sont des intérêts en désordre. Le syndicalisme est né du besoin que les intérêts ont eu de s'organiser. « Que tous ceux qui ont les mêmes intérêts s'assemblent » : voilà l'appel logique auquel ont répondu les professions et les classes. C'est un appel à l'ordre. Que les ouvriers de chaque usine s'entendent avec les ouvriers des autres; que le laboureur ne borne plus son horizon à la haie qui borde son champ; que le patron cesse de voir dans chaque concurrent un ennemi et découvre l'intérêt commun de l'industrie; que les travailleurs intellectuels, des contremaîtres aux ingénieurs, des employés aux chefs, des savants aux artistes s'aperçoivent de la nécessité de défendre les droits de l'intelligence contre les exigences de l'argent ou la force aveugle du nombre, voilà fondés les quatre ordres modernes, ceux qui remplacent dans le régime nouveau du XXe siècle les trois ordres de l'ancien régime : aristocratie, clergé et tiers.

Leur avènement a fermé l'ère de l'individualisme, ouverte en 1789. La révolution de 1848 l'annonçait, dont les deux mots d'ordre furent : organisation du suffrage universel et organisation du travail.

Ce n'est pas par hasard que ces deux revendications se trouvèrent liées et qu'à l'heure où Lamartine installait la République à l'Hôtel de Ville de Paris, Louis Blanc installait au Luxembourg le Conseil permanent du Travail.

Le suffrage universel consacre le droit de chacun

à faire représenter ses idées, l'organisation du travail, le droit de chacun à défendre ses intérêts. Ici et là, même souci de concilier la liberté individuelle avec l'ordre social. Mais d'un côté s'organise la solidarité du voisinage et de l'autre la solidarité du labeur.

Je suis solidaire de celui qui habite la même commune que moi; cette commune est solidaire de ses voisines, et ainsi de proche en proche, cette solidarité s'élargit jusqu'à englober toute la nation.

Je suis solidaire aussi de celui qui fait le même métier que moi, dans ma commune, dans mon département, dans mon pays et au delà.

Seul satisfera toute la personnalité de l'individu l'Etat qui répondra à la fois à ses besoins locaux et à ses besoins professionnels.

Or, les Etats parlementaires ne se sont guère préoccupés que des premiers. Quand le suffrage universel est né, l'ouvrier était encore à peu près isolé de l'ouvrier, le patron complètement isolé du patron, les paysans ne songeaient pas à s'associer, et les travailleurs intellectuels moins encore. La liberté de coalition a été reconnue, puis la liberté d'association et la liberté syndicale. Peu à peu se sont formés, suivant le mouvement même qui a jadis constitué la nation, des syndicats locaux, des fédérations départementales ou provinciales, des confédérations nationales : tout un système social nouveau poussant sous le vieux système politique.

Les syndicats usaient à leur tour du droit de suffrage, avaient leurs mandants investis de la confiance collective, leurs parlements sous forme de congrès. Mais leurs décisions n'arrivaient pas au jour, et n'y arrivent pas encore. Il y a donc en dehors du « pays légal », comme on disait autrefois, une sorte de pays illégal qui réclame son accession aux droits politiques et au pouvoir. Le régime parlementaire voit se poser devant lui le problème qui se posa autrefois devant le régime censitaire : celui des capacités ou, comme on dit aujourd'hui, des compétences. Et de même que M. Guizot s'écriait sous la monarchie de 1830 : « Il n'y a pas de jour pour le suffrage universel », des élus du suffrage universel déclarent aujourd'hui : « Il n'y a pas de jour pour le suffrage professionnel. » C'est la même erreur qui se répète.

Il s'agit pour les Etats de réconcilier les deux principes qu'on a si souvent cru inconciliables : celui de la majorité et celui de la compétence, celui du nombre et celui de la qualité. C'est à ce prix que la démocratie vivra.

Que le parlementarisme s'accorde avec le syndicalisme, les idées avec les intérêts afin de permettre à l'Etat de réaliser à la fois le maximum de production et le maximum de justice.

II

HIÉRARCHIE ET COLLABORATION

Les syndicats de fonctionnaires.

Rue de Grenelle, 110, une fin de jour.

Dans le cabinet du ministre de l'Instruction publique, les tapisseries pâlissent. La liste des visiteurs est épuisée. Tandis que la suite des cours le défend de la rue, que les arbres du jardin l'enveloppent d'ombre et de solitude, le ministre réfléchit. Cela arrive, même aux ministres.

Il a vu entrer et sortir, vingt fois dans la journée, les membres de son cabinet, apportant des pièces à signer, des extraits de presse, des nouvelles politiques vraies ou fausses, des demandes d'audience toujours impitoyablement vraies. Il a reçu des parlementaires, des candidats à l'Opéra-Comique, un auteur qui s'est plaint de n'avoir pas de succès au Théâtre-Français, deux ou trois industriels préoccupés de l'enseignement technique, un journaliste étranger curieux de connaître son sentiment sur Tut-Ank-Amon ou Glozel, et même un directeur de son ministère venu l'entretenir de quelques difficultés de détail.

Tandis qu'il relit les notes prises, étonné de n'y pas découvrir un sujet important, ses yeux tombent sur le projet de budget pour l'année suivante dont le total avoisine deux milliards. Il est soudain saisi par le contraste entre ce chiffre énorme et la petitesse de ses occupations quotidiennes.

Un ministre doit être supérieur à son ministère comme un auteur à son sujet, sans quoi il n'y a ni belles œuvres ni bons gouvernements. Celui-ci se demande comment remplir ce programme; il vient de s'apercevoir qu'il est comme séparé de son administration par les intérêts particuliers, la politique générale, tout ce qui mène bruit autour de lui, l'empêche de communiquer avec les hommes qu'il est chargé de diriger. En dépit du télégraphe et du téléphone qui relient tous les villages, toutes les bourgades, presque rien ne lui arrive de ces dizaines de milliers d'écoles où, penchés sur leurs pupitres, comme des prêtres sur leurs autels, les

maîtres dévouent leurs vies à l'enfance, éveillent les
âmes à la connaissance du vrai, préparent l'avenir de
la République et de la Patrie.

Le pauvre ministre désespère de remplir son office
qui est précisément de servir d'intermédiaire entre
l'école et le pays.

. . . .

Même heure, le même jour, ou n'importe quel autre
jour, dans n'importe quelle école de n'importe quel
village français.

L'instituteur en a fini avec ses longues classes et
son bref repas; il laisse tomber sur ses genoux le journal qui reproduit la cent cinquantième circulaire mi-
nistérielle de sa carrière :

« Et moi aussi, songe-t-il, j'ai un avis sur l'éducation nationale. »

Il revoit son passé : les années de jeunesse, trans-
portées de foi dans sa mission; les années de colère,
un peu plus tard, quand il a mesuré son impuissance
à réaliser tout ce qu'il a rêvé; les années de résigna-
tion au cours desquelles il a fini, faute de se sentir
encouragé dans son apostolat, par penser à lui-même,
au sort des siens et par concentrer son espoir sur un
relèvement de traitement.

Les connaît-il assez, lui, le fort et le faible des
programmes ! Les réactions des cerveaux enfantins
à chaque leçon lui sont si familières ! Mais on ne
l'interroge pas. Les initiatives qu'il a humblement réa-
lisées dans son école ne seront pas généralisées; il ne
rendra pas le service qu'il aurait pu rendre. Insensi-
blement sa pensée remonte à ceux qui en savent davantage encore peut-être, car leur expérience fut plus
large : aux directeurs d'écoles normales, aux inspecteurs primaires, aux inspecteurs d'académie, aux ins-

pecteurs généraux eux-mêmes... Le ministre les voit-il ? Lit-il leurs rapports ? Ou se peut-il qu'avide de progrès il gaspille pourtant ce trésor d'expériences et, quand il n'aurait qu'à y puiser, échoue pour n'avoir rien su en tirer ?

« Cependant, se dit notre instituteur, on me consulte sur le choix des conseillers municipaux ; je joue un rôle dans l'élection du conseiller général, des sénateurs, voire des députés. Comme citoyen, j'ai des droits, un bulletin de vote : je compte dans l'Etat. Comme instituteur, non. Cette profession dont j'ai fait ma vie, où je me suis élevé en élevant les autres, où j'ai acquis la compétence qui me distingue dans la commune et me vaut le respect de ceux qui m'entourent, elle ne me confère aucune part à la discussion des réformes de l'enseignement. Ne serais-je donc dans la démocratie, comme au régiment, qu'un numéro matricule ?

***

Ainsi le ministre et l'instituteur, absents l'un de l'autre, inconnus l'un à l'autre, inutiles l'un à l'autre, souffrent également, aux deux extrémités du monde scolaire, de leur méconnaissance mutuelle.

Quels remèdes ? D'abord une consultation sérieuse, périodique, confiante, des chefs hiérarchiques par le chef politique. Que les tournées d'inspection se terminent dans le cabinet du ministre. Il n'en n'est pas toujours ainsi. Je me souviens de l'espèce de stupéfaction respectueuse qu'éprouva un titulaire du portefeuille de l'Instruction publique, le jour où il entendit le noble Ferdinand Buisson lui dire : « C'est bien d'avoir convoqué les inspecteurs généraux. On ne l'avait pas fait depuis Jules Ferry. »

Mais en même temps que ce conseil de chefs, le ministre doit entendre la voix innombrable du personnel des divers enseignements, tirer la leçon de ce développement multiple, de cette connaissance qui descend aux détails. C'est son devoir non seulement de directeur responsable de ses collaborateurs, mais de politique chargé de l'éducation nationale et qui ne peut être mis au courant des besoins de l'enfance et de la jeunesse s'il ne les apprend de ceux qui vivent dans la confidence quotidienne des élèves.

Comment interroger cette foule ? Un seul moyen : coordonner ses idées, ses vœux, son expérience des âmes dans les associations; assurer à ces associations la liberté de communiquer directement avec le ministre pour lui apporter le résumé de la pensée commune.

Hors cette méthode, il n'y a qu'ignorance en haut et découragement en bas.

La démocratie se refuse à la fois l'honneur et l'avantage de ses principes.

Qu'est-ce qu'un régime représentatif où le savoir n'est pas représenté ? La première condition de l'ordre, c'est de classer. Les intérêts communs à tous les citoyens se défendent par le droit de vote politique, égal pour tous. Mais à partir du moment où l'élu du suffrage universel est mis à la tête d'un département ministériel, il est naturel que délégué à un service public, il convoque à son tour les délégués de ce service. Supérieur à eux non parce qu'il est plus compétent, mais parce qu'il incarne la totalité du peuple souverain dont ils n'expriment qu'une fraction, il doit vouloir que cette fraction, dont il est désormais le guide, soit représentée auprès de lui suivant le mode électif sur lequel repose le régime qui l'a porté au pouvoir : à lui de décider; aux associations professionnelles de l'informer concurremment avec les chefs hiérarchiques.

Mais à quelles associations ? J'ai connu un temps où le gouvernement refusait aux fonctionnaires le bénéfice de la loi de 1901. Je crois même avoir pris part, sous le ministère Combes, comme chef de cabinet du garde des Sceaux, à la rédaction de la première réponse officielle favorable aux fonctionnaires. Elle était adressée au ministre des Finances qui se préparait à dissoudre une association née dans son ministère pour la grande indignation de M. le directeur Martin. M. Rouvier avait voulu une consultation du ministère de la Justice. Il l'espérait conforme à son sentiment; il fut déçu.

Ce souvenir m'avait incité à penser que l'Etat finirait par se résigner à subir, après la loi de 1901, celle de 1884. C'est en s'opposant aux syndicats de fonctionnaires que les gouvernements leur ont conféré un sens révolutionnaire qu'ils n'avaient pas le moins du monde. La raison qui devait faire préférer par un grand nombre d'instituteurs la forme syndicale est très claire; elle fut exposée en termes excellents par un ancien ministre d'hier et un sénateur d'aujourd'hui MM. Trouillot et Chapsal, dans leur *Commentaire de la loi du 1er juillet* 1901 (p. 401) : « Il importe de remarquer que, si les syndicats sont limités quant aux personnes capables de les fonder et aux objets qu'il leur est permis de poursuivre, leur condition légale est supérieure à celle des associations déclarées régies par la loi de 1901, et que leur capacité juridique se rapproche sensiblement de celle des associations reconnues d'utilité publique. Il s'ensuit que lorsque des personnes exerçant des professions similaires ou connexes voudront s'associer pour l'étude ou la défense de leurs intérêts professionnels, il leur sera préférable de prendre la forme du syndicat plutôt que celle d'une association déclarée. »

M. Fontaine dit de même dans son ouvrage sur le *Louage de Travail* : « Les associations professionnelles ont tout intérêt à se placer sous le régime de la loi du 21 mars 1884. » Et M. Barthou citant ce texte dans son livre sur l'*Action syndicale*, s'écrie : « J'en tombe aisément d'accord. »

Ces témoignages émanant de deux anciens directeurs de ministères et de deux anciens ministres, dont un président du Conseil, eussent dû suffire à éviter aux gouvernements la faute qu'ils ont commise en rejetant à l'opposition et à la politique des fonctionnaires qui ne se sentaient nul goût pour elle. Les juristes redoutaient-ils une confusion à mon sens impossible entre le droit syndical et le droit de grève ? Ils n'avaient qu'à établir la distinction nécessaire dans une loi relative aux services publics. Ce n'est pas le temps qui leur a manqué, car la polémique aura duré près d'un quart de siècle.

Le ministre n'a plus à se préoccuper de la forme des associations, mais seulement du nombre de leurs adhérents, car le système représentatif s'appuie sur les majorités au point de ne pouvoir se passer d'elles. Si les associations et les syndicats d'instituteurs se fondent en un seul organisme, le problème de la représentation sera résolu, et l'organisation professionnelle prendra toute sa force.

Alors, le ministre, informé d'un côté par les rapports des chefs, de l'autre par les délibérations de la masse, se sentant relié à la fois par les liens de la hiérarchie et par ceux de la solidarité à tout le monde enseignant, pourra d'un regard embrasser l'étendue de son ministère. Peut-être connaîtra-t-il des difficultés plus grandes encore qu'aujourd'hui : il est moins commode d'apprendre que d'ignorer. Des désaccords latents deviendront publics. Il ne pourra plus ajourner ni ruser. Il lui faudra trouver du courage et des solutions, c'est-à-dire faire son métier de chef. Qui donc disait que le syndicalisme supprimait la notion de chef ? Non, il la transforme.

III

LA RATIONALISATION DE LA PRODUCTION

M. W. Sombart, l'auteur allemand de ce beau livre au tour original et hardi : *Les Juifs et la vie économique*, parlant devant la septième assemblée des étudiants allemands en sciences sociales et économiques, a déclaré close depuis 1914 la période du haut-capitalisme qui, à son calcul, avait débuté aux environs de 1760.

Nous serions déjà entrés, nous assure-t-il, dans l'époque du post-capitalisme, où la concurrence économique va s'atténuer, perdre son caractère guerrier, son esprit de conquête, où le problème du débouché sera enfin résolu et où se développera ce que le savant sociologue appelle « l'Economie systématique ».

Il y a toujours quelque arbitraire dans ces déterminations des époques historiques et quelque audace dans ces prédictions. Mais cet arbitraire est utile, comme une lueur brusque qui éclaire un instant la nuit. Cette audace est nécessaire, car elle invite à réfléchir.

Il n'est pas douteux qu'une transformation s'opère en ce moment dans l'esprit de l'industrie européenne, sous la forme qu'on a baptisée d'un mot affreux, mais désormais consacré : la rationalisation de la production.

L'Allemagne a donné l'exemple. Le doit-elle à sa remarquable préparation industrielle, à son système bancaire ou à la défaite ? Sans doute à toutes ces causes ensemble. La défaite a dû aider la grande industrie allemande à comprendre qu'elle ne saurait ni développer infiniment sa production sans se mettre dans l'obligation de s'ouvrir de nouveaux marchés, ni s'ouvrir aisément des marchés par la force.

Quoi qu'il en soit l'industrie allemande a été la première, de ce côté de l'Atlantique, à comprendre la portée de la révolution paisible accomplie par les Américains dans les procédés du travail.

Augmenter le rendement de l'ouvrier pour diminuer ses heures de travail, telle est la première condition d'un organisation meilleure de la vie économique. Les Américains ont été conduits à l'application du système Taylor non par une conception philanthropique, mais par la nécessité de donner des hauts salaires aux ouvriers pour en trouver. Quoi qu'il en soit, le *Correct-Timing*, c'est-à-dire la coopération réglée à la seconde des travailleurs dont l'effort s'enchaîne, a permis à Ford de fabriquer une voiture automobile en quarante-huit heures à une époque où il fallait à un constructeur européen 150 jours. Le capital immobilisé se trouvait ainsi soixante fois moindre pour le constructeur américain que pour l'européen.

En France, M. Citroën a appliqué la méthode américaine on sait avec quelle fortune. La crise récente qui a compromis tant de constructeurs obligera sans doute à étendre cette méthode de fabrication. En Allemagne, elle s'est généralisée avec une rapidité surprenante. Dans une conférence à l' « Association pour le Redressement français », M. le professeur Julius Hirsch, ancien sous-secrétaire d'Etat allemand au ministère de la Production, disait :

« Permettez-moi de citer quelques exemples des économies que nous avons pu réaliser tant que nous n'avons pas rencontré de résistance de la part des ouvriers.

« Dans l'industrie domestique, nous avons gagné 30 pour 100.

« Dans le montage du frein Knorr sur les wagons, qui prenait autrefois cent quarante-huit heures, 45 pour 100 d'augmentation de travail par ouvrier.

« Le rendement par ouvrière travaillant à la machine à coudre a augmenté de 160 pour 100 et le salaire de 39 pour 100. »

Certains syndicats ouvriers allemands protestent contre ce qu'ils appellent les abus de la « rationalisation ». Ils ont trouvé au Reichstag un interprète en la personne de M. le député démocrate Erkelenz. Celui-ci a fait remarquer que la production a pu augmenter de 36 pour 100 dans la métallurgie sans qu'il y ait eu baisse des prix et alors que la hausse des salaires ne dépassait pas 3 pour 100.

Les débuts de la rationalisation produisent donc les mêmes effets que les débuts du machinisme. C'est une raison pour l'aménager, non pour y renoncer.

Voilà l'occasion offerte à l'Etat de jouer son rôle arbitral.

Les industriels cherchent naturellement leur intérêt d'abord. Il faut croire qu'ils le trouvent dans l'association puisque, d'après un document établi pour le Reichstag par l'office statistique du Reich, 65 pour 100 du capital des sociétés allemandes par actions, se trouve groupé dans les « Koncerns ». Dans la métallurgie, la navigation, l'assurance, la proportion atteint 76 pour 100; dans l'industrie chimique, elle monte à 83 pour 100 et dans l'industrie minière à 98 pour 100.

Ce n'est donc pas seulement la coopération des travailleurs dans l'usine qui s'organise, c'est la coopération des industriels d'usine à usine, suivant le plan dont M. Hoover s'est fait l'apôtre dans le Nouveau Monde, quand il s'est mis en campagne pour ramener à un seul les cent dix-neuf modèles de briques qu'on fabriquait aux Etats-Unis, les quarante-cinq modèles de lits qu'il avait relevés dans les hôpitaux, et ainsi de suite, pour toutes les fabrications.

Après la taylorisation du travail, après la standardisation des usines, doit venir l'internationalisation de la production. C'est la troisième étape de l'évolution économique qui nous avons vu commencer au lendemain de la guerre et qui doit mettre fin à la bataille des tarifs et des changes.

Douze ou treize Etats nouveaux en Europe, sept mille kilomètres de frontières de plus, une production européenne diminuée de 10 pour 100 dans le temps où la production américaine augmentait de 50 pour 100 : ces faits ne prêchent-ils pas assez haut l'urgence pour l'Europe, de « rationaliser » sa production et sa politique ?

Peu importe qu'on appelle l'ère qui s'ouvre celle du « post-capitalisme » ou de « l'économie systématique », pourvu qu'elle s'ouvre.

Des méthodes nouvelles de production doivent entraîner inévitablement des méthodes politiques nouvelles. A l'heure où chaque entreprise s'applique à coordonner ses services afin d'augmenter son rendement et d'abaisser ses prix de revient, où toutes les entreprises orientées vers les mêmes productions cherchent à s'entendre, non seulement à l'intérieur du pays, mais de pays à pays, pour contingenter leurs ventes, spécialiser leurs fabrications, se partager les marchés, l'Etat ne peut pas demeurer la seule entreprise qui persiste à ignorer l'organisation scientifique du travail.

Il doit rechercher le moyen de relier les diverses productions, les diverses classes sociales les unes aux autres, d'assurer à chaque homme la récompense de son travail tout en le faisant servir au bénéfice de tous, et empêcher la constitution d'une féodalité nouvelle d'autant plus dangereuse pour l'unité nationale qu'elle tire sa force des inventions modernes, suit l'évolution du machinisme et des échanges, et se développe aujourd'hui sur le plan international.

IV

LES CARTELS INTERNATIONAUX

Lorsque vers l'an 1601, un certain Camus fonda à Paris une aciérie qui passa pour la première en

France, bien que Damas et l'Orient eussent depuis longtemps enseigné la fabrication de l'acier à l'Espagne et à l'Italie, il ne croyait pas faire œuvre de révolutionnaire politique.

Cependant, tous les principes sur lesquels disputent aujourd'hui les partis étaient déjà connus, toutes les luttes religieuses étaient déjà vieilles, toutes les formes de république, de monarchie, de dictature avaient été tour à tour essayées et brisées par l'Egypte, la Grèce et Rome. Tout avait été déjà imaginé, tout... sauf le cartel de l'acier, le cartel du charbon, le cartel de la potasse, le cartel de la soie, le cartel du cuivre, les autres cartels en préparation, le partage du monde en matières premières venant déranger les anciennes divisions géographiques, les frontières industrielles chevauchant les frontières nationales, les ententes de producteurs commandant les ententes de nations.

Dans une note officielle au sujet de l'accord commercial provisoire passé le 6 novembre 1926, entre la France et l'Allemagne, le Ministère invoque la nécessité pour notre pays de « régler son exportation vers l'Allemagne et même sa production intérieure *en conformité d'accords qui, il faut le reconnaître, sont pour l'industrie des deux pays un élément de concurrence pacifique et de progression harmonisée* ».

Quel scrupule serait assez rétif pour ne pas céder au charme pudique de ce « Il faut le reconnaître » ? Reconnaissons donc que les diplomaties sont désormais appelées à mettre en forme de traités entre les peuples les actes passés entre syndicats. « Je suis absolument sûr que le cartel de l'acier aura pour conséquence d'obliger l'Allemagne et la France à se lier politiquement », écrit un de ses auteurs responsables, le grand industriel allemand, Arnold Rechberg.

Mon frère rappelait parfois dans *l'Œuvre* le fier propos que lui avait tenu un jour un grand seigneur du Comité des Forges :

— Monsieur, quand des intérêts atteignent à l'ampleur des nôtres, ils se confondent avec l'intérêt national.

Sans doute, ces intérêts ont-ils encore grandi depuis lors, car les voilà internationaux.

Tout le monde sait d'ailleurs que, si les hommes d'Etat du Reich se sont orientés vers une entente avec la France, c'est en vertu des conceptions nouvelles du haut patronat allemand, souverain sur la presse, et qui tient le rapprochement pour une nécessité de la production industrielle.

Mais n'avons-nous pas vu, surprenant phénomène, la Finance internationale, dont toute la tactique avait consisté jusqu'ici à nous persuader qu'elle n'existait pas, éprouver en 1926 le besoin de se révéler à nous par un manifeste, comme un simple parti politique ?

Ainsi, les anciens adversaires des libertés syndicales sont devenus syndicalistes et, après s'être indignés pendant de longues années devant la perspective d'une internationale ouvrière, multiplient des internationales capitalistes.

— Savez-vous, disait à Mademoiselle Louise Weiss, qui a rapporté ces propos dans le *Petit Parisien* du 21 novembre 1926, M. Mayrisch, président du cartel de l'acier, savez-vous que j'ai été l'adversaire résolu du cartel de l'acier pendant les trente premières années de ma carrière ? J'y voyais une atteinte à la liberté individuelle, un contrôle, des comptes à rendre.

Le grand industriel montre ensuite la fabrication standardisée aux Etats-Unis, la nécessité pour l'Europe de s'organiser, de stabiliser la production, les premiers résultats obtenus, l'influence du cartel sur la politique de M. Francqui, en Belgique, sur les accords conclus à Berlin, au nom de la France, par M. Serruys, et ajoute : « Surtout, n'apercevez-vous pas que nos accords internationaux mettront un jour fin aux guerres de tarifs qui rendent si difficile la conclusion des traités commerciaux ? Le cartel serait remis en question si l'un des Etats venait à augmenter ses tarifs. »

Quelle conversion ! Avoir trente ans combattu les cartels, et prendre en leur nom la direction de la politique douanière en Europe, avec la certitude d'entraîner à sa suite, un peu plus tôt, un peu plus tard, les gourvenements dociles !

M. Etienne Villey a décidément bien raison, en son livre si utile sur *L'organisation professionnelle des employeurs dans l'industrie française*, lorsqu'il nous décrit les associations patronales, tout d'abord formées pour résister à la violence des syndicats ouvriers, élargissant peu à peu leur champ jusqu'à concevoir d'abord la nécessité d'une défense de la profession, puis cessant « de se cantonner dans un domaine passif et défensif pour devenir des organes actifs et créateurs ».

L'organisation professionnelle, qui avait fécondé le moyen âge, et contribué à créer, à travers la dispersion féodale, la solidarité du travail, l'harmonie du style et l'unité des esprits, reconstituée aujourd'hui par-dessus l'édit effacé de Turgot, et les lois renversées de 1791, qui avaient cru prohiber les associations pour toujours, forte désormais de toute la puissance du machinisme, multipliée par la variété infinie des moyens de communication, agrandie à la mesure des continents, humilie les orgueils nationaux et, après s'être soumis chaque Etat, les enserre tous dans un réseau d'intérêts si solide que les peuples peuvent y perdre la liberté de leurs mouvements politiques.

Devant l'ascension de ce pouvoir nouveau, le monde parlementaire demeure hargneux et passif.

Au lieu d'analyser le fait pour en modifier au besoin la portée, il le nie et se trouve d'autant plus désarmé devant ses conséquences qu'il s'est interdit de les mesurer.

Cependant, l'évolution à laquelle nous assistons, si nous nous contentons d'y assister, ne peut manquer d'être fatale à la souveraineté de l'Etat. Syndicalisme, internationalisme : ces deux formules auxquelles obéissent aujourd'hui les mouvements de la production semblent inventées pour disloquer l'organisation nationale.

Ces ententes financières et industrielles étendues par-dessus les frontières et mettant à la merci de la toute-puissance patronale la production, la politique, la diplomatie, la presse de continents entiers, tendent par leur nature même à paralyser les démocraties.

Le problème politique, national, social, apparaît dès lors sous un jour nouveau.

Il consiste essentiellement à savoir si le syndicalisme s'emparera de l'Etat pour le déchirer ou si l'Etat s'adaptera le syndicalisme en l'organisant; si l'internationalisme prendra la forme d'une lutte de classes universelle, bouleversant les traditions des partis, ou celle d'une Société des Nations à laquelle chaque peuple apportera le concours de ses qualités originelles, dans la plénitude de son indépendance.

Il faut choisir :

Ou le syndicalisme et l'internationalisme contre l'Etat;

Ou le syndicalisme et l'internationalisme par l'Etat.

Dans la première hypothèse, c'est, tôt ou tard, après des retours plus ou moins longs d'oppression, le triomphe du bolchevisme, une vaste destruction préludant au suicide cosmique prédit par le philosophe allemand.

Dans la seconde, c'est une construction harmonieuse, poursuivie selon les directions de l'histoire, recueillant du passé tout ce qui méritait l'avenir, s'embellissant de tout ce que la vie ajoute chaque jour à la vie, offrant enfin aux nations contre les guerres civiles et les guerres étrangères l'abri qu'implore leur lassitude.

Cette espérance-ci, pour la réaliser, que faut-il ?

Se souvenir que le patriotisme n'est pas seulement une forme de la mystique, mais aussi une forme de la production, et qu'un pays peut se dire organisé seulement lorsqu'il a su mobiliser ses ressources et ses hommes de manière à atteindre le maximum de prospérité dans le maximum de justice.

La prospérité sans justice légitime l'anarchie. La justice sans prospérité n'engendre qu'une égalité de misère.

L'une est l'idéal que l'ignorance propose aux masses; l'autre, la tentation vers laquelle l'égoïsme incline les possédants et qui pourrait bien entraîner doucement les grands cartels patronaux, si les gouvernements n'y prennent garde.

V

LES TRAVAILLEURS INTELLECTUELS

Avocats, professeurs, journalistes, fonctionnaires, ingénieurs, médecins, intellectuels qui tirons nos ressources et notre influence de l'exploitation de notre cerveau, occupons-nous aujourd'hui dans la vie des nations autant de place que dans leur politique ?

Voilà un peu plus de cent ans qu'au sein des pays libres nous gouvernons. Nous détenons les principaux postes de l'Etat. Partout où l'aristocratie héréditaire a perdu son influence, nous nous sommes substitués à elle. Mais, successeurs que nous sommes, n'entendons-nous pas aujourd'hui derrière nous le pas de nos héritiers ?

D'autres classes n'ont-elles pas, au cours des cent dernières années, réalisé plus de progrès que nous ? De l'intellectuel de 1830 à celui d'aujourd'hui, la différence n'est pas grande ; il serait permis de soutenir sans scandale que si l'on nous comparait à nos devanciers, le parallèle pourrait comporter quelque risque pour nos vanités contemporaines.

Au contraire, qui prétendra que l'ouvrier d'aujourd'hui, le paysan d'aujourd'hui, l'industriel d'aujourd'hui ne représentent pas des valeurs sociales supérieures à celles de l'ouvrier, du paysan, de l'industriel d'il y a cent ans ?

Les producteurs ont acquis une conscience collective qui a cherché à s'exprimer par la voix des associations et des syndicats professionnels.

Non seulement ceux-ci se sont peu à peu groupés en fédérations nationales, mais ils ont encore élargi ce cadre. Ils tiennent aujourd'hui des congrès internationaux, tentent, malgré les différences de races et de régime, d'unifier leur action à travers tous les pays.

Pendant que se propageait ce vaste mouvement, la concurrence économique se développait jusqu'à prendre les proportions d'une guerre entre peuples. L'industriel voyait son horizon s'étendre, ses intérêts entrer en lutte ou en collaboration avec ceux de l'Etat. Il était contraint de regarder au delà des frontières et bientôt au delà des mers.

Les patrons avaient leurs cartels, les ouvriers leurs syndicats, les intellectuels demeuraient encore isolés les uns des autres, voyant réduire de jour en jour leur influence, leur salaire, et monter autour d'eux le mépris des masses organisées.

Le capital s'inclinait devant la menace des grèves, le travail manuel cédait à celle des lock-out, patrons et ouvriers discutaient en égaux. L'avantage restait tantôt aux uns, tantôt aux autres. De temps en temps, sous les coups contraires, l'une ou l'autre masse avançait ou reculait. Le lendemain des conflits, le travail manuel comptait ses maigres gains, le capital ses pertes ou ses petits bénéfices. Entre les deux camps s'étendait une sorte de « no man's land » social où demeuraient les victimes, ces intellectuels, ces techniciens qui, ni patrons ni ouvriers, participaient à la fois à l'impopularité du chef et à la servitude du salarié, ne pouvaient pas plus faire entendre leurs avertissements au patronat avant les grèves, que faire prévaloir auprès du prolétariat leurs conseils de sagesse ensuite, et oubliant leurs intérêts pour ne penser qu'à ceux de l'œuvre, répétaient d'entreprise en entreprise le geste du capitaine qui, par souci de l'honneur professionnel, demeure dans le naufrage le dernier à bord du navire qui pourtant ne lui appartient pas.

Pourquoi eût-on songé, en effet, à améliorer le sort de ces isolés qui ne pouvaient ni ne voulaient une révolte et sur le désintéressement desquels on comptait depuis si longtemps qu'on finissait par ne plus le remarquer ?

Les intellectuels tenaient au lendemain de la guerre l'office des nouveaux pauvres. A la première assemblée de la Confédération française des travailleurs intellectuels, M. Henri de Weindel montrait tel professeur, moins payé que le balayeur de la ville, tel savant moins rémunéré que le garçon de laboratoire chargé de ranger les éprouvettes, tel journaliste humilié de ne pouvoir atteindre au salaire du typographe, tel ingénieur placé dans l'échelle des salaires au-dessous du contremaître, comme si la société avait voulu châtier ces hommes de l'instruction à laquelle elle les avait conviés, des promesses qu'elle leur avait faites, en multipliant les écoles, les lycées, les universités où elle distribuait un savoir devenu pour ceux qui l'avaient acquis un fardeau de plus.

Un moment vint où ces prisonniers de la solitude se révoltèrent contre leur prison. Un rédacteur en chef du *Matin* eut l'honneur de recueillir leurs confidences, dont M. Romain Coolus et José Germain furent auprès de lui les premiers interprètes. Il découvrit sans peine qu'un seul obstacle séparait encore les uns des autres ces intellectuels qui commençaient à se sentir solidaires à force de se sentir sacrifiés : l'orgueil. Personne ne voulait avouer sa pauvreté le premier. Les sociétés, rivales par habitude, craignaient d'aliéner leur indépendance. Si l'une d'elles prenait l'initiative d'appeler les autres à se fédérer, celles-ci se défieraient, craindraient d'être absorbées ou rejetées à la suite.

Nous n'eûmes pas grand'peine à résoudre ce problème protocolaire. Nous souvenant de la table ronde des diplomates, de la salle aux multiples portes par lesquelles les représentants des grandes puissances entraient à la même minute et du même pas, nous invitâmes les Associations représentant les intérêts intellectuels à se réunir, le 11 février 1920, sur le terrain neutre du *Matin*.

Nous fûmes une vingtaine, ce jour-là, dans la salle. Au bout d'une heure, la *Confédération des Travailleurs intellectuels* était fondée.

Trois ans après, elle comptait 150.000 membres en France.

Pourtant quel scepticisme accueillit ses débuts. Combien on était alors persuadé qu'aucun lien commun ne pourrait jamais réunir le journaliste au professeur, l'ingénieur au comédien, l'artiste au savant.

On oubliait que l'esprit est une grande parenté et que nous ne sommes plus au temps où l'invention apparaissait de loin en loin comme le coup d'Etat d'un génie solitaire. Aujourd'hui, chaque découverte est le produit de milliers d'humbles expériences poursuivies dans la lumière fervente des laboratoire par des savants que réunit, par-dessus les frontières, le même sens de la méthode, la même passion de la vérité, et qui investissent la nature jusqu'au moment où celle-ci, forcée de toutes parts, laisse enfin échapper son secret, qui éclate presque à la même heure, en dix endroits différents de la terre. Qui a inventé l'automobile, l'aéroplane ? Un nom ? Dix noms se présentent. Là même où un nom baptise un procédé, ce nom est-il toujours le seul vrai ? Comment rompre le lien qui rejoint un Lechâtellier à un Haber, un Haber à un Claude ?

Tandis que la concurrence déchirait souvent les associations patronales, et la politique les associations ouvrières, la C. T. I. n'a pas, depuis le jour de sa constitution, vu se détacher d'elle un seul des groupes qui lui avaient donné leur adhésion et peut, au contraire avec orgueil considérer le chiffre sans cesse grandissant de ses fidèles. Les intellectuels sont attachés les uns aux autres par une même tâche, par la poursuite quotidienne d'une même vérité. N'étant les serviteurs ni de l'argent ni de la force, mais ceux de l'entreprise et de son progrès, il est naturel qu'ils s'élèvent de l'intérêt de l'ouvrier et du capitaliste à l'intérêt de l'œuvre. C'est le propre de leur profession, ce qui leur assigne dans l'organisation sociale une place éminente. Par la grâce des travailleurs intellectuels confédérés, voici que s'élève entre la force de l'argent et la force du nombre, une puissance moins aveugle, capable d'arbitrer entre les adversaires qui luttent sans se connaître, parce qu'elle n'ignore ni les uns ni les autres et mesure leur solidarité.

De nationale, la Confédération des Travailleurs intellectuels est devenue internationale. Elle a obtenu une représentation au Bureau international du Travail. Elle prend peu à peu sa place dans l'organisation de la production. Elle est prête pour le jour où sera institué le véritable Parlement économique et où, unie aux fonctionnaires, elle aura droit à réclamer le quart des voix dans l'Assemblée.

S'il est vrai de dire, en effet, que la production est la base de la Société, ce serait ramener cette société à la barbarie que de nier la valeur de la production littéraire et artistique, celle de l'invention hors laquelle il n'y a pas de progrès, celle de la création intellectuelle, sans laquelle la technique industrielle n'eût jamais pu se développer, celle de l'administration qui soude les unes aux autres les diverses parties de la production et les ordonne en vue de la prospérité générale.

Que disparaisse la féodalité intellectuelle chantée par Renan, soit ! Mais que ce ne soit pas au profit d'autres féodalités moins conscientes de l'intérêt public. Plaignons la nation qui ne saurait pas réserver la part de l'esprit ? Patrons, ouvriers, agriculteurs, bientôt ruinés par leurs routines, y tomberaient également victimes de l'attentat commis contre ceux qui, en renouvelant perpétuellement les méthodes de travail et de pensée, gardent à l'humanité sa jeunesse.

L'intellectuel ne doit plus se considérer comme le maître des producteurs. Mais son rôle de demain est peut-être plus noble encore que celui d'hier. N'étant plus le chef, il reste l'arbitre.

<h1 style="text-align:center">VI</h1>

LE PROLÉTARIAT ET LA C. G. T.

Après avoir longtemps suivi les directions socialistes, le prolétariat s'était organisé en dehors des partis. Aujourd'hui il réclame sa part de pouvoir et entend fixer des directions à la politique.

Dès le lendemain de la guerre, en 1919, la Confédération générale du Travail publiait un programme minimum en quatorze points, dont le plus nouveau concernait la réorganisation économique du pays. « La C. G. T. réclame pour le travail organisé la place qui lui revient dans la direction et la gestion de la production nationale », y était-il écrit. M. Jouhaux attendait la réalisation de ce programme d'un Conseil économique dont il alla porter le projet à M. Clemenceau. Celui-ci ne voulait point de Conseil et préféra décréter les huit heures lui-même et tout d'un trait, suivant la meilleure tradition des Césars démagogues.

La C. G. T. décida alors de se passer du gouvernement et de fonder elle-même un Conseil économique du Travail. Elle le réunit le 8 janvier 1920, et M. Maxime Leroy célébra l'événement dans son livre sur les *Techniques nouvelles du syndicalisme* en ces termes lyriques : « Le 8 janvier 1920 est une grande date dans l'évolution des classes ouvrières. Elle fête historiquement le jour de l'inauguration de l'institution la plus directement opposée... aux techniques dictatoriales de la Révolution, aux survivances anarchistes dans le monde démocratique issu de 1789. »

L'événement parut bientôt démentir ce radieux optimisme. La grève générale des chemins de fer provoqua en France un mouvement de défiance générale à l'égard du prolétariat ouvrier. Les initiatives de la C. G. T. furent frappées d'une suspicion publique. Son Conseil économique avorta. L'échec était d'ailleurs fatal. La C. G. T. n'était pas et ne sera jamais de force à assumer des tâches qui incombent à l'Etat.

Elle le comprit, renonça à cette méthode d'action directe, et se décida à agir sur l'Etat au lieu d'agir à sa place. Avant les élections de 1924, elle publia un nouveau programme minimum dans lequel elle réclamait derechef la création par les pouvoirs publics d'un Conseil économique du Travail.

Le ministère Herriot s'efforça d'exaucer ce vœu. Le 19 juillet 1924, M. Justin Godart, ministre du Travail, constitua une Commission d'études chargée de travailler à l'institution d'un Conseil national économique. Celui-ci fut créé par arrêté du 11 avril 1926 et consacré par la loi de Finances de 1926.

M. Poincaré, d'abord fort sceptique à l'égard de l'institution, lui a consacré l'hommage d'un projet de loi spécial sur lequel les Chambres n'ont pas encore prononcé.

Mais déjà la C. G. T. le trouve insuffisant. Dans son manifeste préélectoral de 1927 qui a servi de base à la déclaration du Congrès radical d'octobre 1927 comme à mainte déclaration socialiste, elle revendique « *l'intégration dans le mécanisme constitutionnel du Conseil national économique qui devra être obligatoirement appelé à discuter tous les projets de loi d'ordre économique et social* ».

Cette définition va, est-il besoin de le dire, fort au delà du projet gouvernemental. Que le Parlement vote le texte du ministère Poincaré et celui-ci disposera simplement de 150 conseillers nouveaux auxquels il demeurera parfaitement libre de ne demander aucun conseil.

Depuis sa création, « l'incomplet et provisoire » Conseil économique, pour reprendre les épithètes du manifeste de la C. G. T., a procédé à de longues études, à d'intéressantes enquêtes, par exemple sur le problème du logement. Mais il n'en est résulté qu'une publication dans le *Journal officiel*, c'est-à-dire dans un des journaux les moins lus de France.

Le gouvernement, le Parlement ont à leur disposition un dossier de plus, qu'il ne leur est pas défendu d'ouvrir, mais qu'il leur est permis d'oublier.

Il n'y a guère plus de ressemblance entre le projet du gouvernement et celui de la C. G. T. qu'entre les décrets-lois et une véritable réorganisation administrative. La suprême habileté du conservatisme social est de faire d'une grande réforme une petite chose. On vide ainsi les nouveautés de tout l'avenir qu'elles contenaient. On amuse l'opinion qui ne lit que les têtes de chapitres. On garde le titre, on efface l'œuvre. Il suffit ensuite d'attendre la déception qu'on a soigneusement ménagée :

— De quoi vous plaignez-vous, peut-on dire alors aux mécontents. Nous avons réalisé ce que vous demandiez. Nous vous avions averti qu'il n'en résulterait rien de fameux. Vous n'avez pas voulu nous croire. L'insuccès nous donne raison.

Selon le projet gouvernemental « le Conseil national économique *peut* être saisi par le gouvernement de toutes questions économiques, financières et sociales ». Il *peut* être invité à préparer des conclusions, des projets de loi ou de décret. Il *peut* être appelé à donner un avis sur les projets de lois préparés par les départements ministériels... Il *peut* inscrire à son ordre du jour les problèmes économiques sur lesquels il lui paraîtrait utile d'adresser des vœux...

D'où il résulte que le gouvernement *peut* ne le saisir de rien, ne l'inviter à rien, ne jamais lui demander un avis, et tenir ses vœux pour aussi vains que ceux du dernier des Conseils d'arrondissement.

Rassemblez cent cinquante personnes au hasard, formez-en une association sous le régime de la loi de 1901 ou un syndicat sous le régime de la loi de 1884, elles auront exactement les mêmes droits que les membres du Conseil national économique dont on nous propose aujourd'hui de solenniser la fondation et d'éterniser l'impuissance.

Qu'au contraire tout projet de loi d'ordre économique et social soit obligatoirement soumis au Conseil national économique, avant de recevoir l'approbation du gouvernement ou d'être soumis au vote des Chambres politiques, comme le demande la C. G. T., et les producteurs passent enfin le seuil de l'Etat. La majorité parlementaire reste maîtresse de décider contre leur avis, mais non pas sans leur avis. Elle n'en demeure pas moins souveraine, mais elle s'en trouve plus éclairée. Il devient permis d'espérer que la démocratie cessera de se confondre, suivant le mot de M. Guy-Grand, avec « la décadence de la production ».

Il est cependant, ô surprise ! une faculté que le gouvernement Poincaré reconnaît au Conseil national économique et que ne réclame pas pour lui la C. G. T. : celle d'étudier les problèmes financiers. Sans doute cette réserve s'explique-t-elle chez les représentant des syndicats ouvriers par un souci tactique. Impatients de faire reconnaître au Parlement économique le droit d'émettre un avis préalable sur tout projet économique et social, ils ont dû craindre de compromettre le succès de cette revendication en la formulant en matière d'impôts.

Ne semble-t-il pas légitime pourtant de faire discuter sinon le chiffre, du moins la répartition des impôts, par ces producteurs qui en peuvent, mieux que les juristes, calculer la répercussion sur la prospérité du pays ? Tout notre système d'impôts est à revoir. A revoir et à simplifier. Il a été imaginé par des fonctionnaires et des avocats, amoureux du fisc et du procès. Nous ne pouvons guère espérer, pour le corriger, que dans l'effort des hommes aux yeux desquels le progrès de l'activité économique apparaît comme la condition première du progrès politique. Nul doute que la C. G. T. n'entre bientôt dans ces vues.

De même elle ne saurait manquer de faire un jour, en ses revendications, la part plus large à l'agriculture. Le projet du gouvernement ne réserve dans le Conseil économique aux agriculteurs que vingt-sept voix sur cent cinquante, alors que, comme l'avoue l'exposé des motifs, l'agriculture, les forêts et la pêche groupaient, en 1921, 9.023.549 producteurs, et l'industrie 7.846.234. Il est vrai que dans un Parlement économique, ce n'est pas la représentation des majorités, mais la représentation des compétences qu'il s'agit d'organiser. Encore l'institution nouvelle doit-elle, sous peine de créer de nouveaux privilèges, être conçue à l'image du pays et ne pas risquer de rompre l'équilibre de la production nationale.

En dépit de ses origines ouvrières, la C. G. T. dès le moment qu'elle entend assumer une part de direction politique, est dans l'obligation morale de maintenir la balance exacte entre les professions.

Quoi qu'il en soit, une nouvelle étape du mouvement ouvrier vient d'être réalisée en France.

On en mesurera l'importance à cette phrase du manifeste de la C. G. T. : « Sans renoncer en rien à son idéal de libération et de justice,... fidèle à sa conception qui ne sépare point la défense des intérêts ouvriers de la sauvegarde des intérêts de la collectivité, la C. G. T. précise ses revendications minima et propose ses solutions aux problèmes les plus pressants. »

Voilà donc la classe ouvrière affirmant la solidarité de ses intérêts avec ceux de la collectivité, dressant au-dessus des partis non plus seulement l'affirmation vague d'un idéal unitaire, mais un plan susceptible d'être immédiatement réalisé, de s'imposer à des hommes politiques d'opinions différentes, et de renouveler l'Etat par une technique nouvelle.

Elle a compris, sous l'inspiration d'hommes de pensée et d'action, que l'Etat bourgeois contre lequel elle lutte se confond avec le régime parlementaire et qu'elle ne le modifiera pas en mendiant à sa porte des réformes dont on ne lui distribue que la monnaie. Elle veut accomplir ses réformes elles-mêmes, en participant par ses mandataires à la préparation des lois économiques et sociales.

Ne semble-t-il pas que se réalise la prophétie de Georges Sorel : « Un grand changement se produira dans le monde le jour où le prolétariat aura acquis, comme l'a acquis la bourgeoisie après la Révolution, le sentiment qu'il est capable de penser d'après ses propres conditions de vie. »

VII

L'AGRICULTURE IMPUISSANTE

Si nous attendons que les syndicats agricoles soient assez solidement fédérés d'un bout à l'autre du territoire pour balancer les forces de l'industrie et du commerce, de la classe ouvrière, des professions libérales, nous risquons de laisser l'agriculture à la peine sans jamais la mettre à l'honneur.

La vie même du paysan, cette dure vie qui commence avec le jour et se prolonge longtemps encore après le coucher du soleil, qui isole l'homme derrière les haies de son champ rebelle et les tristes murs de sa maison, qui l'enferme dans sa besogne, qui en fait le prisonnier du sillon, qui ne lui laisse pas le loisir des grandes assemblées où l'esprit parle à l'esprit, où l'idée s'enrichit de l'idée voisine, où la revendication de chacun s'appuie sur la revendication de tous, cette dure vie lui interdit, à lui seul dans le monde, la solidarité dont les autres classes connaissent aujourd'hui le bienfait.

Tous les quatre ans, le paysan sort un instant de sa solitude, se rend à quelque réunion publique, à quelque congrès, écoute des orateurs qui passent. Un dimanche vient où il prend en hésitant un bulletin sur une table de mairie, le glisse dans une urne. Sa souveraineté s'épuise avec ce geste. Son pouvoir tient sur ce chiffon de papier. Son contrôle sur ses représentants cesse dans la minute même où il s'exerce.

Pourtant c'est lui qui détient la majorité en France. Mais que peut cette majorité en poussière devant le bloc des minorités organisées ? Ce que peut une foule en face d'une troupe. Ce que peut la cible en face de l'arme.

La classe paysanne se plaint, et voilà tout. Elle se plaint du fonctionnaire, du commerçant, de la saison et du gouvernement. Elle fournit des recrues au communisme, elle, si passionnée pour sa petite propriété, car le communisme ne représente pas pour elle une doctrine positive, mais la formule d'un vague mécontentement, une protestation contre l'impuissance où on laisse les hommes occupés à nourrir tous les autres.

Elle cherche à s'évader des villages vers la ville afin de connaître les salles lumineuses et chaudes, les salaires fixes, le travail facile, les huit heures, les loisirs de la semaine anglaise et du dimanche.

Communisme, désertion des campagnes : deux formes du mal dont souffre l'agriculture et, à travers elle, l'Etat.

Quel remède ? —

Réaliser le syndicalisme par en haut ?

Si la facilité de communiquer entre eux permet aux industriels, aux commerçants, aux fonctionnaires, aux employés, aux ouvriers de peser par leurs confédérations sur les pouvoirs publics, l'immense et insaisissable classe agricole, disséminée à travers toute l'étendue du territoire, ne saurait s'assembler d'elle-même pour conquérir sa part légitime de pouvoir.

Il faut la lui donner comme on a donné à la nation le droit de suffrage : par une loi, et mieux par la revision de la Constitution.

Pas d'autre moyen de parer à la rupture d'équilibre qu'a provoquée le syndicalisme en organisant toutes les formes de production sauf une : la plus importante.

Actuellement, par la force des choses et sans que la volonté des hommes y entre pour rien, le pays se trouve coalisé contre les agriculteurs, simplement parce qu'il s'est coalisé sans eux.

Qu'il discute des huit heures, des accidents du travail, de la revision des baux de longue durée, des assurances sociales, le Parlement applique à l'agriculture des règles analogues à celles de l'industrie, sans s'apercevoir qu'il bouleverse les mœurs des campagnes, les conditions du labeur agricole et hâte la désertion paysanne qu'il dénonce. Mauvaise volonté ? Non certes. Ignorance. Les lois se font à Paris. Les juriste ne sont pas laboureurs. L'industrie fait entendre sa voix. Ses syndicats étudient les projets parlementaires, interviennent auprès des Commissions et de leurs rapporteurs, provoquent les consultations juridiques, usent de toute l'influence que procurent les relations et la fortune. Les agriculteurs, épars, sont avertis des lois, longtemps après le vote, par les gênes qu'elles leur apportent.

D'où ce sentiment d'une injustice commise à l'endroit de la classe paysanne. Injustice involontaire, mais réelle et de nature à provoquer quelque jour un mouvement agraire autrement redoutable pour le parlementarisme que la création d'une assemblée technique.

Fermons aux agriculteurs l'issue d'un Parlement économique, et ils forceront avant peu les portes de la Chambre et du Sénat.

Aveugles ceux qui ne voient pas monter à l'horizon électoral les candidatures paysannes. Le monde rural sent obscurément qu'on le maintient en état de sujétion politique. Il ne sait pas que la faute en est à son inorganisation. Il accuse ceux auxquels il a fait si longtemps confiance.

Il imagine que s'il était représenté par des paysans au lieu de l'être toujours par des avocats, des médecins ou des journalistes, il cesserait d'être trahi au bénéfice des fonctionnaires, des commerçants, des ouvriers, de tous ceux qui dépendent économiquement de lui et dont il continue à dépendre politiquement.

Il oublie que, sauf rares exceptions, le rural risque de se trouver aussi déconcerté devant le Parlement que l'avocat devant la charrue. La multitude des sujets qui assaille le député ou le sénateur exige une diversité de connaissances, une habitude du travail intellectuel, une instruction juridique et historique difficiles à acquérir dans la vie des champs.

Le sort de l'agriculteur, comme de tous les autres producteurs, est suspendu à celui de nos finances, de notre système administratif, de notre organisation civile et militaire, de notre politique extérieure.

Qui s'adonne à l'étude de l'étranger par exemple sait combien il faut être attentif aux événements du dehors, combien peut coûter à un pays une ignorance ou une distraction, combien la pratique de l'histoire est nécessaire à l'intelligence de la diplomatie et comment une guerre peut résulter d'une négligence. Si nous avions pris nous-mêmes, au lendemain de Serajevo, l'initiative de faire proposer par la Serbie une enquête internationale, l'ultimatum de l'Autriche eût été sans doute impossible.

L'intérêt de l'agriculture n'est pas de voir improviser les lois, mais de voir traiter de ses intérêts spéciaux par des hommes qui les connaissent et d'autre part de placer ses représentants qualifiés dans le cadre où leur action sera la plus efficace. La formule n'est donc pas : « Toute la politique aux agriculteurs. » La raison dit : « Aux agriculteurs la politique agricole, la défense des intérêts agricoles, en face des intérêts commerciaux, intellectuels, administratifs, industriels, etc... » Une telle formule ne saurait être appliquée que dans un Parlement où la représentation des intérêts se substituera à celle des doctrines. Les paysans au sein des assemblées politiques, c'est encore un peu plus de confusion dans le parlementarisme. Les représentants spécialisés de l'agriculture au sein de l'assemblée économique, c'est plus de compétence, plus de justice; c'est la classe des agriculteurs tirée de son impuissance politique; c'est la fin du déséquilibre entre les divers ordres de producteurs; c'est l'Etat reconstruit à l'image de la nation.

Encore faut-il que la représentation agricole soit suffisante, et non réduite au chiffre où le gouvernement propose de la maintenir dans son projet de loi relatif au Conseil national économique : « vingt-sept sur cent cinquante ».

Sans doute doit-on, dans une assemblée des compétences, considérer moins l'importance numérique des professions que leur importance économique et sociale. Mais l'agriculture en France joue un rôle au moins égal à celui de l'industrie et du commerce réunis.

Il paraît donc juste et par conséquent nécessaire que le Parlement économique (ou le Conseil national économique) comprenne un quart des propriétaires agricoles et que dans la représentation du prolétariat une part soit réservée aux ouvriers agricoles.

Quoi qu'il en soit de ces chiffres, hâtez-vous, ô parlementaires, d'organiser la représentation des agriculteurs, ou elle s'organisera contre vous.

Qu'il n'en advienne pas du parlementarisme comme de ce géant de la mythologie qui périt étouffé pour n'avoir pas su reprendre à temps contact avec la terre.

VIII

MODERNISONS L'ÉTAT

Le Conseil National Economique.

« Nous restons les défenseurs résolus du régime parlementaire, ont affirmé les radicaux et radicaux-socialistes dans la *Déclaration du parti* votée le 29 octobre 1927 par le Congrès de Paris.

« Sans doute, ce régime, comme toutes les institutions humaines, doit évoluer, s'adapter aux changements qui se font autour de lui dans la société. Le temps n'est plus, on l'a souvent remarqué, où le Parlement n'avait en face de lui, pour le contrôler ou pour obéir à ses lois, qu'une poussière d'individus isolés. De toutes parts, depuis quelque cinquante ans, les associations ont surgi; elles grandissent chaque jour en nombre et en puissance : loi de 1884 sur les syndicats professionnels, loi de 1901 sur les associations, comment fermerait-on les yeux aux conséquences logiques de ces actes législatifs, expression d'une réalité sociale en pleine fermentation ?

« Quel sera le rôle de ces associations en face du Parlement ? Vont-elles le combattre, le remplacer, le seconder ? Grave problème dont la solution sera l'œuvre difficile des années qui viennent. Notre parti fait confiance aux associations professionnelles; il ne croit pas qu'on puisse réaliser heureusement sans leur concours ni l'organisation du travail, ni la réforme administrative; il pense qu'elles ont leur rôle à jouer à côté du Parlement pour le renseigner dans l'élaboration des lois, pour l'aider dans leur application. Il a favorisé la création des commissions, des assemblées de tout ordre par lesquelles elles peuvent exprimer leurs volontés. Mais il croit que leur action serait dangereuse si elle restait incohérente, qu'elle doit être coordonnée, disciplinée, intégrée dans cet ordre supérieur dont l'Etat est l'expression. C'est dans cet esprit qu'il a créé et qu'il veut développer le Conseil supérieur économique. Conseil consultatif : le dernier mot doit appartenir au Parlement, chargé de formuler la volonté générale, d'arbitrer les intérêts particuliers, individuels ou corporatifs qui s'affrontent autour de lui, d'assurer le respect de l'intérêt général dont il est le gardien. »

Telle est la doctrine nouvelle du parti radical et radical-socialiste sur *la réorganisation de l'Etat*.

Elle tend à la création d'une Chambre consultative placée « à côté du Parlement pour le renseigner dans l'élaboration des lois, pour l'aider dans leur application ».

Peu importe le titre de l'assemblée nouvelle. Nul inconvénient à garder celui que lui conféra le ministère Herriot et que lui reconnut le ministère Poincaré : va pour le *Conseil National Economique*.

Sa composition,

Son fonctionnement,

L'étendue et la limite de son action,

Voilà, pour reprendre les termes du projet gouvernemental, ce qui reste à déterminer.

Sur tous ces points, en dépit des signatures de ministres radicaux qui ont avalisé le texte officiel, celui-ci ne satisfait pas mieux aux principes émis par le parti radical qu'aux revendications formulées par la C. G. T.

Présumons d'ailleurs qu'il ne satisfera personne, pas même ceux qui l'ont signé et ne l'ont peut-être pas tous lu.

Alors qu'il s'agissait d'intégrer dans l'Etat ces associations professionnelles dont le parti radical entre autres ne croit plus « qu'on puisse réaliser sans leur concours ni l'organisation du travail, ni la réforme administrative », les auteurs du projet ont imaginé une création compliquée, construite sur l'abstraction, non sur la réalité, et ils ont réduit en poussière cette production qui demande avant tout à être coordonnée.

Ils avaient cependant bien défini, ces auteurs, dans leur exposé des motifs, le but à atteindre : non pas seulement apporter aux pouvoirs publics l'avis des compétences, mais encore leur permettre de « dégager de la confrontation des intérêts divers l'intérêt général de l'économie nationale ».

Mais ensuite, influencés sans doute par la classification allemande, ils ont décomposé la fortune et le travail de la nation en tant d'éléments divers qu'au lieu de faire entrer le syndicalisme dans le cadre de l'Etat et de réaliser l'indispensable synthèse professionnelle, on dirait qu'ils se sont amusés à mettre la France en miettes.

Parmi les cent cinquante membres du Conseil national économique, vous rencontrerez un délégué des Offices d'habitations à bon marché, un délégué des institutions d'hygiène et d'amélioration de la race, un délégué des institutions d'immigration, d'émigration et de placement (la Trinité en une personne), un délégué des Bourses, un délégué des associations de contribuables, deux délégués des organisations et associations de tourisme ; les ingénieurs, les savants, les juristes et les économistes mêlés auront droit à six représentants ; enfin au lieu de syndicaliser la République on a individualisé le syndicalisme de telle sorte que le Parlement risque de se trouver en face d'un vaste puzzle dont il n'arrivera jamais à rassembler les pièces dans un ordre raisonnable, puisque le désordre est le principe même de l'institution.

Ajoutez à cela que « dans chacune des catégories fixées, un décret déterminerait le ou les organisations les plus représentatives », que les représentants des services publics seraient désignés par les ministres, les quatre représentants des communes par l'ensemble des maires, et dites si jamais système plus arbitraire, plus artificiel et plus confus sortit armé de la tête d'un philosophe solitaire.

Tournons, tournons vite les feuillets de ce projet dont le vice essentiel est d'avoir été inspiré par la crainte d'assurer au Conseil national économique une « excessive autorité », dont la prétention est de « faire l'éducation » des forces économiques « avant de leur demander de participer au choix d'une représentation », et dont la timidité autoritaire s'exprime dans l'assurance qu' « il est impossible, à tout prendre, d'organiser méthodiquement un système d'élections économiques s'étendant à plus de vingt millions de Français, sans une longue préparation dans les institutions et les mœurs ».

La vérité est qu'il appartient aujourd'hui aux « forces économiques » de faire l'éducation des juristes, qu'il s'agit simplement de mettre au plus tôt les institutions en harmonie avec les mœurs, et que l'heure est tout à fait venue d'éclairer le suffrage universel par le suffrage professionnel.

Ne remontons pas le cours de la vie. Suivons-le. Que rencontrons-nous ? Partout des associations, des syndicats, des cartels, des organisations nées spontanément, ici de l'usine ou du magasin, là de la terre, ailleurs de la pauvreté passée des fonctionnaires, de la pauvreté éternelle des artistes, du dédain où l'on a laissé les intellectuels, du déclin des classes moyennes, partout de la similitude des connaissances et des intérêts.

Ces forces nouvelles, d'abord enfermées dans les murs d'un atelier ou d'une ville, se sont depuis cinquante ans rejointes, fédérées peu à peu dans la région, puis dans la nation, selon le rythme même sur lequel s'est formée la France, et recouvrent aujourd'hui le pays d'un réseau solide de droits et de compétences. « La longue préparation ! » Eh bien, un demi-siècle : est-ce assez ?

Le déséquilibre de notre vie publique ne provient que de l'incapacité des pouvoirs publics. Au lieu de se saisir de toutes les extrémités de ce réseau, ils s'y laissent envelopper comme en un piège invisible :

Des fonctionnaires en lutte avec l'Etat qu'ils ont mission de défendre;

Une classe patronale qui cherche à asservir le Parlement au moyen de caisses électorales, d'influences occultes;

Une classe ouvrière à peu près organisée, consciente de ses droits et de ses responsabilités, mais en état d'insurrection latente contre un Etat sur lequel elle ne peut rien que par la menace;

Des professions libérales qui gouvernent depuis cent ans, que la technique moderne déborde de toutes parts, dont l'influence se perpétue dans la politique et diminue dans la société;

Une classe paysanne impuissante.

Tel est le tableau qu'offre aujourd'hui la France.

Tout s'y organise contre l'Etat qui devrait présider à l'organisation de tout.

Pourquoi ce désordre ? Comment une assemblée professionnelle peut-elle y parer ?

Premièrement, en ce qui concerne les fonctionnaires :

Les gouvernements ont toujours commencé par leur résister pour finir toujours par leur céder, ne sachant ni aller au devant de leurs besoins, ni reconnaître à temps leurs droits, ni opposer à leurs revendications, lorsqu'elles semblaient exagérées, les revendications du public.

Que demain les fonctionnaires aient à débattre de leurs intérêts dans une assemblée professionnelle avec les représentants des agriculteurs, des ouvriers, des industriels et des commerçants, ils cesseront de parler comme aujourd'hui en maîtres ou en victimes, ils reconnaîtront la place exacte qu'ils tiennent dans la République et qu'ils ont tendance à croire tantôt plus grande et tantôt plus petite qu'elle n'est. Ils devront persuader le public qui maintenant les accuse un peu plus que de raison. Leur pression s'exercera moins sur le Parlement et le Gouvernement. Leur impopularité sera moindre dans le pays. Leur organisation paraîtra légitime. Elle n'apparaîtra plus souveraine.

Deuxièmement, en ce qui concerne le patronat :

Il ne pourra plus compter, pour dominer la République, sur la puissance financière qu'il emploie à négocier des élections comme on négocie des marchés, à gagner des voix comme on augmente les têtes d'un troupeau, à séduire des hommes qu'il méprise et qui se vengent un jour ou l'autre de leur humiliation en le trahissant, enfin à avilir la politique dont nous devons précisément chercher à relever le niveau.

Il sera forcé d'abattre publiquement ses cartes, de rendre publiquement ses comptes, de dire publiquement ses raisons. Mais il regagnera en puissance de dignité ce qu'il aura perdu en puissance de corruption. On s'apercevra qu'il n'a pas toujours tort. Il bénéficiera de la supériorité qu'assure à ceux qui les possèdent la pratique des grandes affaires et la connaissance des grands intérêts internationaux. Il jouera un rôle éducateur. Il apportera à l'État le concours d'une élite à peu près absente du Parlement.

Troisièmement, en ce qui concerne le prolétariat ouvrier :

Il disposera, pour la défense de ses intérêts, d'un autre moyen que la grève. Il ne constituera plus un monde fermé qui ignore presque tout des autres classes et au sujet duquel celles-ci témoignent d'une ignorance égale. Il enverra au Conseil national des hommes qui, formés à l'école d'un dur labeur, ne parleront pas de la souffrance humaine en poètes, mais en témoins, et sauront descendre jusqu'à ces détails techniques où l'homme politique s'embarrasse parce qu'il n'y retrouve pas, comme les travailleurs manuels, le souvenir émouvant d'une misère subie ou d'une difficulté vaincue. Enfin il découvrira la solidarité des classes et son sentiment de révolte se transformera en sentiment de responsabilité à l'égard d'une nation où il aura pris, suivant les expressions de la C. G. T., « la place qui lui revient dans la direction et la gestion de la production nationale ».

Quatrièmement, en ce qui concerne les agriculteurs :

Ils ne seront plus séparés les uns des autres, seuls inorganisés dans une société où tous les métiers et toutes les classes s'organisent. Élisant leurs représentants au Conseil national économique, ils les choisiront à l'image du monde agricole dans lequel la petite propriété domine. Ils feront entendre cette voix des paysans dont les assemblées politiques ne connaissent guère le son. Ils acquerront l'influence légitime sur les affaires publiques qui leur manque encore. Ainsi se rétablira l'harmonie aujourd'hui brisée entre les divers ordres de la production.

Le Conseil national économique doit servir à réconcilier la production et la politique, à faire connaître les professions les unes aux autres, à mettre à la disposition du Parlement l'avis des compétences, à réaliser dans l'ordre social l'évolution heureusement accomplie dans l'ordre politique, à substituer aux brutalités des grèves et des lock-out les libres discussions au cours desquelles les forces qui se combattent aujourd'hui en aveugles se reconnaîtront à la lumière et à substituer à la lutte économique la solidarité des producteurs.

Quand vous demandez aux hommes de passer de l'esprit de guerre à l'esprit de paix, leur premier mouvement est de défiance. Mais puisqu'on a réussi, au lendemain de la guerre, à constituer en société les nations qui venaient de s'entre-tuer, il serait vraiment trop affligeant à la fois pour l'intelligence et pour le patriotisme de ne pouvoir faire rencontrer ceux qui travaillent sur la même terre et parfois dans la même usine, qui se sont battus dans les mêmes tranchées, dont les bénéfices et les salaires suivent la même courbe et dont l'ensemble forme, que cela leur plaise ou non, la société nationale.

Les assemblées politiques ne renoueront véritablement avec le pays qu'à travers une assemblée technique, seule capable de faire rentrer le syndicalisme dans le cadre de l'Etat, de tourner en coopération féconde la lutte des classes et la concurrence des professions.

Au Parlement économique l'étude des problèmes de production, aux Chambres souveraines la défense des principes généraux; aux techniciens la préparation, aux politiques la décision : le suffrage professionnel mis au service du suffrage universel. Tel est le programme.

Il ne peut être réalisé que si la réforme du parlementarisme se modèle sur la réalité et suit le mouvement même de la vie nationale.

Les producteurs se sont organisés selon un plan naturel que le plan du Conseil national économique doit reproduire.

Confédération générale de la Production, c'est-à-dire du patronat industriel et commercial, Confédération générale du Travail, Confédération des travailleurs intellectuels, Confédération générale agricole à laquelle les Chambres d'agriculture rassemblées à la fin de 1927 par M. le sénateur Joseph Faure ont donné la forme neuve d'un organisme unique : voilà les quatre ordres de la production. Je le redis parce qu'il faut le redire.

Ces quatre ordres doivent trouver dans le Conseil national économique un mode de représentation à leur mesure.

Ainsi le système électif du parlementarisme s'appuiera-t-il au système électif du syndicalisme.

Voulons-nous, ainsi que l'a réclamé dans son Congrès de 1927 le parti radical, « réaliser heureusement l'organisation du travail et la réforme administrative » avec le concours des organisations professionnelles ? Pas d'autre moyen que d'appliquer la formule préconisée par M. Jean Hennessy : « La profession représentée dans la région organisée. »

L'organisation professionnelle dépasse le cadre départemental. Elle aspire à la région. Elle lui donnera vie.

C'est sur la base régionale que le suffrage professionnel devra être établi.

Divisons la France en seize régions, comme ont fait l'histoire et la nature. Répartissons dans chaque région les électeurs en quatre groupes : 1° industriels et commerçants; 2° agriculteurs; 3° travailleurs manuels; 4° travailleurs intellectuels et techniciens.

Accordons à chacun de ces groupes un même nombre d'élus. Constituons ainsi des assemblées régionales professionnelles.

Qu'à leur tour, ces assemblées délèguent des mandataires au Conseil économique national, en respectant l'égalité des quatre ordres nécessaire à la représentation des compétences.

Les listes de candidats seront évidemment conçues de manière à obtenir le plus grand nombre de voix possible et permettront par conséquent d'exprimer la physionomie différente que la production revêt dans chaque région différente.

Reconnaissons au Conseil économique ainsi constitué le droit, hors le cas d'urgence, d'exprimer son avis sur chaque projet ou proposition de loi d'ordre financier, économique ou social; sur chaque traité de commerce international, celui de soutenir son avis auprès des assemblées politiques par la voix de commissaires qui y seront admis dans les mêmes conditions que les commissaires du gouvernement.

Fixons un délai au delà duquel, quand le Conseil économique n'aura pas fait connaître son avis, le gouvernement et le Parlement seront autorisés à s'en passer.

Prévoyons une Commission permanente chargée, dans l'intervalle des sessions, de mener les enquêtes nécessaires pour faire connaître au Gouvernement et au Parlement, chaque fois que cela paraîtra utile, l'avis des techniciens.

La décision restera aux assemblées politiques qui seules ont droit de traduire le sentiment des majorités. A elles le dernier mot. Mais au moins ne se prononceront-elles plus sans posséder tous les éléments du débat. Au lieu de s'incliner ici devant le prolétariat, là devant le patronat, ailleurs devant la crainte d'un mouvement agraire, quand elles ne s'abaissent pas tour à tour comme des servantes apeurées aux pieds de tous ces maîtres hostiles, les Chambres auront la noble mission de dégager des rivalités économiques l'intérêt général du pays; ayant réalisé l'organisation scientifique du travail intellectuel, infusé au parlementarisme le sang nouveau du syndicalisme, donné au droit politique, suivant le vœu de Proudhon « le contrefort du droit économique », connu des conflits sociaux qui déchirent notre temps, elles auront conquis le droit de donner des lois à la production et fait du peuple souverain, non plus l'esclave de ses courtisans, mais un arbitre informé par des experts, en mesure de poursuivre des desseins éclairés et d'imposer ses décisions réfléchies.

Si l'on croit que, de plus en plus, la politique nationale s'enchaîne à la politique internationale, peut-être ne paraîtra-t-il pas sans intérêt de faire observer que la Société des Nations s'est constituée sur le plan que nous proposons à la Société française.

Née d'hier, n'ayant point à s'embarrasser d'habitudes anciennes, ne se souciant que de répondre aux besoins du monde moderne, elle a bientôt reconnu l'insuffisance en matière économique de son assemblée politique formée à l'image de nos Parlements.

A la suite de la Conférence économique internationale de 1927, elle a établi un *Comité consultatif économique* dans lequel sont représentés les intérêts de l'industrie, du commerce, de l'agriculture et du travail, et l'a chargé de resserrer les relations entre les

diverses puissances de production et les différents
Etats.

Le Conseil national économique tel que nous le
proposons répond presque entièrement à cette institution nouvelle. Celle-ci nous apparaît donc comme
une sorte de contre-épreuve de nature à vérifier nos
thèses et à nous conformer dans la conviction que seul
l'avènement du syndicalisme permettra de moderniser
l'Etat [1].

IX

« COLBERT VA NOUS DIRE »

Au Conseil de Louis XIV, quand venait le moment
de discuter le sujet essentiel, et que les avis hési-
taient, le roi se tournait en riant vers son intendant des
Finances :

— Voilà Colbert qui va encore nous dire : « Sire,
ce grand cardinal de Richelieu... »

De fait, le plus magnifique commis qu'ait eu la
France, avant d'agir, de penser, ne manquait jamais
d'en appeler à celui qui, à travers Mazarin, avait été
son vrai, son seul maître. Il savait Richelieu par cœur.
Dès qu'on l'interrogeait, la pensée du cardinal lui
venait d'elle-même aux lèvres.

Richelieu, de son côté, n'eût pas marqué notre histoire d'une si puissante empreinte s'il s'était moins

---

1. A qui veut étudier les origines du Conseil national économique, nous ne saurions trop recommander l'excellent livre
de MM. Camille Lantaud et André Poudenx intitulé *la Représentation professionnelle* (Paris, Librairie des Sciences politiques et sociales, 1922).

souvenu des exemples légués par Henri IV et Sully.

Le XVII° siècle a été un grand siècle parce qu'il a eu une pensée directrice : celle que Sully commença d'exprimer par la formule fameuse des Economies royales : « Labourage et pâturage sont les deux mamelles qui nourrissent la France », celle qu'Henri IV compléta par l'édit de 1603 déclarant la création des manufactures « un des principaux expédients pour rétablir le royaume », et par la convocation à Paris en 1604, d'une Assemblée du commerce chargée de dresser un programme de production nationale; celle que Richelieu reprit dans la déclaration du 23 février 1627 à l'Assemblée des notables, affirmant la volonté royale non seulement de « rétablir le commerce », mais d' « amplifier ses privilèges et faire en sorte que la condition du trafic soit tenue en l'honneur et considération qu'il appartient »; celle enfin que servit passionnément Colbert lorsqu'il s'efforça de défendre les classes productrices contre les exactions des traitants, les brutalités des gentilshommes, les injustices des robins, et de détourner vers l'agriculture, le commerce, l'industrie, la marine et la colonisation, cet argent de la France qu'absorbaient jusque-là les malversations des traitants, la débauche des emprunts royaux, la dîme du clergé, le commerce des offices et des charges.

Timide encore chez Sully, dont l'esprit moins étendu s'embarrassait de préjugés nobiliaires, l'idée de réduire les privilèges de la classe qui ne travaille pas au bénéfice de celles qui travaillent éclate chez Richelieu.

Il ne se satisfait pas de soumettre l'anarchie féodale et religieuse à la loi de l'unité française. Il veut, et les cahiers des Etats généraux de 1789 lui en feront un jour honneur, « abaisser les pouvoirs intermédiaires qui asservissaient la nation depuis près de neuf siècles », ou, comme dira Colbert, dans son mémoire au roi du 15 mai 1665, « rendre difficiles toutes les conditions des hommes qui tendent à se soustraire du travail qui va au bien général de l'Etat », nobles, robins, et prêtres, « favoriser et rendre honorables et avantageuses, autant qu'il se pourra, toutes les conditions des hommes qui tendent au bien public, c'est-à-dire : les soldats, les marchands, les laboureurs et les gens de journée ».

Renvoyer à l'antichambre les nobles que n'occupe plus la défense du royaume, employer leur vanité à leur domestication et, pendant qu'ils passent des chemises, portent des flambeaux, abaissent des marchepieds, « divertir », comme le dit l'édit de septembre 1664, l'inclination des Français « à une vie oisive et rampante, sous le titre de divers offices sans fonctions, et sous de fausses apparences d'une médiocre attache aux bonnes lettres ou à la pratique, laquelle dégénère à une dangereuse chicane qui infecte et ruine nos provinces », élever dans les champs et les camps, les manufactures et les bureaux, les Sorbonnes et les Académies, une classe d'hommes nouvelle, dont l'orgueil et la paresse n'aient pas épuisé l'ardeur, dont la puissance de labeur enfantera des richesses et dont la jeune sève refera à la France un printemps : telle est la révolution que conçoivent ces hommes d'Etat et à laquelle l'époque doit sa grandeur.

Une révolution n'est pas, en effet, comme le croient les sots, une vaste destruction. C'est un avènement. Quelques fautes, quelques crimes qu'elle puisse commettre, elle dresse plus de têtes qu'elle n'en abat. Elle amène au jour les forces souterraines que la société méprisait et dont l'afflux soudain engendre des fortunes, des découvertes, des victoires et des chefs-d'œuvre.

Que la plus fière lignée de ministres dont se puisse honorer la France ait eu ce constant idéal : le travailleur honoré en lieu et place de l'oisif, le producteur triomphant de l'intermédiaire, l'Etat mis au service des professions utiles, voilà ce qui fait le durable prestige du XVIIe siècle.

Il ne tient pas à la gloire militaire du règne, dont Fustel de Coulanges remarquait avec force que, pour deux provinces conquises, elle avait coûté à la France un quart de ses habitants, l'infortune du reste, la perte de nos alliances, et un siècle d'hostilité européenne.

Si les Français d'aujourd'hui qui ont pris la guerre en haine, éprouvent pour le siècle de Louis XIV une sorte de nostalgie qu'attestent les livres et les expositions, c'est que le désordre contemporain accroît leur soif d'organisation et que leurs âmes incertaines appellent la résurrection de cet esprit créateur qui triomphait partout et ne se passait jamais, ni dans les tragédies de Corneille et de Racine, ni dans les oraisons ou les sermons de Bossuet, ni dans les comédies de Molière, ni dans les systèmes de Colbert et les fondations de Vauban, ni dans les monuments de Mansart et les jardins de Lenôtre, ni dans la philosophie de Descartes, de ce qui manque aujourd'hui aux œuvres de nos artistes, aux écrits de nos penseurs, aux entreprises de nos politiques : un plan.

Notre époque déchirée qui chemine à l'aveugle et ne parvient pas à se reconnaître à travers la poussière de ses institutions et le chaos de ses lois, porte en elle à la fois le désir et la peur d'une révolution. Elle en éprouve le besoin et ne s'en sent pas le courage. Elle répéterait volontiers, dans son angoisse impuissante le mot tranquillement désespéré d'Ernest Lavisse : « Il est impossible que cela dure, et il est impossible que cela change. » Le salut ne pourrait lui venir que d'une révolution par en haut, comme celle dont Sully, Richelieu, Colbert avaient poursuivi le dessein durant trois quarts de siècle et dont Louis XIV devait se détourner après la mort de Colbert, sapant ainsi le premier l'avenir de la monarchie.

Mais, pour qu'une telle révolution s'accomplisse, il faudrait, entre les dirigeants de notre démocratie, quelque communauté d'esprit, quelque continuité de doctrine, un peu de ce génie de la synthèse dont le XVIIe siècle eut le secret et qui trouva sa sublime expression chez l'auteur du *Discours sur la méthode*.

Sans tenter de nous élever à ces hauteurs, jetons du moins sur notre temps un regard assez clair pour reconnaître sa véritable grandeur. Politiques, avocats, journalistes, écrivains, ce n'est pas à nous qu'il la doit. Nous ne sommes que des intermédiaires. Georges Sorel disait : des parasites. Comment les non-producteurs pourraient-ils continuer à gouverner seuls la production ? Nous usurpons aujourd'hui un pouvoir que la vie, en courant, arrache à nos mains lasses.

Pour avoir méconnu la transformation d'une société où l'instruction obligatoire a haussé le savoir du peuple presque au niveau du nôtre, où des techniques nouvelles ont suscité une telle diversité de connaissances que nous ne pouvons nous flatter de les posséder toutes, où le syndicalisme a fait l'éducation politique du prolétariat, où la concurrence internationale a dressé les industriels et les financiers aux tâches des hommes d'Etat, nous sommes devenus indignes d'être des chefs.

Nous avons rapetissé l'Etat à notre mesure. Nous avons écarté de lui les forces qui eussent été capables de le vivifier. Elles se sont développées en dehors de lui, et parfois contre lui, sans souci de nos hargnes. Elles ont formé une féodalité, plusieurs féodalités nouvelles qui, sous les formes ici de contrats collectifs, là de cartels internationaux, se sont donné des lois particulières, ont érigé des frontières d'intérêts au-dessus des frontières nationales.

L'avant-guerre, la guerre, l'après-guerre ont démontré la pauvreté de nos prévisions et l'inefficacité de nos méthodes.

Saurons-nous tout à l'heure nous reprendre, ramener à l'Etat les énergies, les expériences, les capacités que nous avons dégoûtées de son service ? Il ne suffit plus de faire les gestes de l'autorité. Il faut trouver la solution de ce problème qu'a su résoudre le XVIIe siècle : employer au salut de l'Etat les puissances qui travaillent à sa dislocation. Nous ne saurions compter désormais ni sur un coup de force, ni sur un coup de génie. Force nous est d'avoir un plan, un humble plan capable de rallier le plus grand nombre de cerveaux, de servir le plus grand nombre d'intérêts, et par là de gagner une majorité.

Notre temps veut des doctrines qu'aucun nom d'homme ne baptise, qui puissent se défendre par leur seule vertu et paraître bientôt traditionnelles à force d'être anonymes. Eh bien, réfléchissons, et nous découvrirons sans grand effort que tout le secret de la réorganisation de l'Etat est de tourner ce « syndicalisme contre l'Etat », dont on débite le facile refrain dans les articles et les discours, en *Syndicalisme pour l'Etat.*

C'est en adaptant le syndicalisme aux cadres de

notre République tempérée que nous les renouvelle-
rons, les élargirons, les pénétrerons d'esprit moderne,
appuierons l'armature politique du pays à une armature économique solide, et rajeunirons le régime parlementaire en lui apportant le secours de tous ceux qui
travaillent, produisent, inventent, espèrent, et cons-
tituent la nouvelle élite de la France.

La Révolution par en haut, la voilà.

FIN

TABLE

—

DÉBUTS DANS LE SYNDICALISME.   7

PREMIÈRE PARTIE

L'ÈRE DES PRIVILÈGES PARLEMENTAIRES

  I. — La défense républicaine.   19
 II. — La chasse à l'homme   22
III. — Le contentieux national.   25
 IV. — La séparation de la politique et de la
       production.   28
  V. — La guerre ou le cas de conscience . .   31
 VI. — Parlement d'après guerre   37

DEUXIÈME PARTIE

VERS L'ÈRE SYNDICALISTE

 I. — Les deux régimes électifs.   43
II. — Hiérarchie et collaboration.   46

III. — La rationalisation de la production . . 53
IV. — Les cartels internationaux 57
V. — Les travailleurs intellectuels 63
VI. — Le prolétariat et la C. G. T.. 68
VII. — L'agriculture impuissante 74
VIII. — Modernisons l'État 79
IX. — « Colbert va nous dire » 91

PARIS. — IMPRIMERIE NOUVELLE, 11, RUE CADET.

9 782329 040387